重 庆 市 艺 术 科 学 研 究 规 划 重 大 项 目　　项 目 批 准 号：16ZD030

意·空间

景观设计教育学与行

YI KONGJIAN
JINGGUAN SHEJI JIAOYU
XUE YU XING

杨吟兵／著

人民教育出版社
·北京·

图书在版编目（CIP）数据

意·空间：景观设计教育学与行 / 杨吟兵编写. —北京：人民教育出版社，2020.10
ISBN 978-7-107-33090-2

Ⅰ. ①意… Ⅱ. ①杨… Ⅲ. ①景观设计—教学研究 Ⅳ. ①TU983

中国版本图书馆CIP数据核字（2020）第194436号

意·空间：景观设计教育学与行

出版发行 人民教育出版社
（北京市海淀区中关村南大街17号院1号楼 邮编：100081）
网 址 http://www.pep.com.cn
经 销 全国新华书店
印 刷 北京盛通印刷股份有限公司
版 次 2020年10月第1版
印 次 2020年11月第1次印刷
开 本 787毫米 ×1 092毫米 1/16
印 张 9.75
字 数 260千字
定 价 108.00元

目录
CONTENTS

前言
FOREWORD

设计是艺术与功能的完美结合，从艺术角度出发，设计驱动力源于创新，作为设计的灵魂，创新是设计的本质要求。学与行是本书的核心，是探寻景观设计如何学习与怎样实践。环境艺术中的空间是一种涉及美学、设计学等众多领域的特殊形态，是景观设计的重要载体。意则指代意境、意义、创意与用意，它既是景观设计的灵魂，又是设计教育的基础。设计教育的发展与社会的发展紧密相连，并随社会的变革而变革，没有创新就没有发展。设计教育专业作为艺术教育的重要组成部分，理念的创新是其灵魂所在。创新理念的提升可以让我们认知新趋势、求索新知识、创造新技术、追求与实现新梦想。本书将景观设计方法作为设计教育的主要方式，从环境艺术专业角度出发，从景观设计教育理论研究、景观设计教育案例解析两个方面将空间的“意”与之融合，在理论研究和设计教学案例解析两方面共同促使下，了解设计教育目的，提高专业素养，开拓设计思维，培养创新人才，从而使景观设计教育研究更具实际意义与学术价值。

杨吟兵

2018 年 2 月 28 日

第一章

如何学？

——景观设计教育理论研究

一、设计教育的反思

1.1 设计教育的起源

从国际视角出发，设计教育的起源离不开包豪斯教育理念的诞生与发展。1919 年，一个影响世界设计教育观念的年份，一所以设计教育为基础的学校机构在此创立，它的创立为工业时代开创了新的纪元，为设计教育奠定了新的里程，它被视为世界上第一所为发展艺术设计而生的学院，它集中并超越了欧洲各国的设计成果，并将其巧妙地与大众和社会融为一体，它就是德国魏玛市的“公立包豪斯学院”（Staatliches Bauhaus）。

包豪斯的创立源于对社会生活需求的关注。在工业革命以前，社会中的所有产品都源于手工制作，样式独特但效率低下，为了提高社会生产力的进度，机器逐渐代替了人工制作。随着生产力的快速发展，产品的冷酷、单一成了继效率低下后的另一大难题，面对这些枯燥乏味的产品，消费者失去了购买的欲望，供应商们在提高了生产率的同时也降低了成本的回收，整个市场呈现出一种尴尬的场面。艺术与技术形成了两大极端，且这一对峙且矛盾的现象正在持续深化中。如何将艺术与技术进行有机统一成为当时艺术家们研究探索的主要课题，也正因为有了这些严峻的社会问题，才更加直接地促进了包豪斯学院的创立以及包豪斯设计教育的诞生。

从 1919 年至 1933 年，包豪斯学院经历了魏玛时期、德绍时期以及柏林时期三个不同的阶段，这三个时期分别对应着格罗佩斯的理想主义、迈耶的共产主义以及米斯的实用主义，这三个观念的融会贯通最终造就了现代主义设计思想的摇篮，并且在现代设计观念、时间与设计教育上都具有一定的开拓性。经实践验证，包豪斯的设计教育有以下六点主张：第一，将手工艺、技术与艺术相结合，并将其与机器生产紧密相连；第二，倡导各类艺术的交流互通；第三，在设计中强调自主创造，反对因循守旧；第四，实行由格罗佩斯所主张的双轨制教学，将形式导师与工作室导师放于同等地位的进行艺术与技术双方面的指导，培养动手能力与创造能力共同发展的双向人才；第五，在教学过程中注重理论与实践相结合的原则，在创立理性教学基础课的同时建立学生与企业之间的密切联系；第六，将教学同社会生产相结合，使教学成果更具实际意义。

不可否认的是，包豪斯在当时乃至现在都影响巨大，其设计教育理念也为现代设计观奠定了坚实的基础，但每一个观点都有所谓的局限性，包豪斯设计教育理念也不例外。在历史背景的影响下，它的过于理性导致了其对人性需求的忽视，随后也遭到了后现代主义的批判。由此可见，我们在吸收包豪斯的设计理论和教育思想的同时，应当结合实际因素，具体问题具体分析，从而更好地促进现代设计的发展。

从国内视角出发，中国的设计教育发展相对困难与复杂。20 世纪初的中国，无论是相对落后的工业经济发展，还是历史背景下各种新旧观念的交锋影响，都致使国内的设计教育道路艰难而漫长。图案教育被誉为我国艺术设计教育的雏形。就起源而言，国内的设计教育离不开民国时期“图案教育”的衍生与促进。图案，顺名思义，图即图样，案即方案。在当时图案被指代通过一些艺术手段所设计的图样与方案。早期我国的图案教育主要以日本图案教育为范本，其教育性质与现代设计教育性质相近，但在内涵和外延方面两者仍存在一定区别。受清朝末年传统工艺教育影响，图案教育常被人为地归于图画课，使之与工艺制作产生分离，致使民国时期出现的将图案教育与工艺教育相融合的呼声，最终导致图案教育被新型的工艺美术教育所替代。

随着科学技术地不断进步，中西方的文化教育交流愈发紧密，国内设计教育的发展也随之发生着潜移默化地改变。与西方国家不同，20 世纪初的中国社会积弱积贫，既没有与时俱进的工业化产物，也没有资本国家强大的经济体系，因而发展设计教育的艰难度不言而喻。从清朝末年学习借鉴日本教育模式的工艺教育模式，到民国时期对优秀设计教育模式兼收并蓄的图案教育模式；从以“知者创物，巧者述之，守之世，渭之工。”为主的传统师徒制教育方式，到现代化教育方式；从封建半封建时期小范围的手工作坊式的融设计、制作、施工为一体的自产自销的学习环境，到20世纪中期诸如中央工艺美术学院、浙江美术学院、广州美术学院、四川美术学院等多所综合性艺术院校的成立与开放等等。从早期的图案教育到当今的艺术设计教育，我国设计与教育工作者就一直在不断探索不同发展阶段的设计教育方式与方法。

1.2 中国设计教育发展历程

中国设计教育理论主要由传统手工业时代延续的本土设计体系和受西方影响的融合工业时代特征的现代设计体系构成。就中国本土设计体系而言，受历代设计思想影响，从《考工记》《天公开物》《长物志》《装演志》等专著，到《燕闲清赏笺》《闲情偶寄》之类浩瀚的文人笔记史料，到处都饱含着中国古人关于设计教育的方法内容及其背后的艺术思想。在过去，受传统封建礼教束缚的中国人在设计教育的方法上几乎都是以口传心教的形式为主，在设计教育的表现形式也多以纯美术为主。而后随着社会的审美需求与精神需求的不断提高，许多设计教育家在纯美术的基础上衍生出了实用美术。从清朝末年的工艺教育到民国初期的图案教育，再到后来的工艺美术教育，也就是后来人们口中的“工艺美术”。在我国较早明确提出“工艺美术”这一概念的是蔡元培先生，他在1920年5月《美术的起源》一文中写道：“美术有狭义的、广义的。狭义的，是指建筑、造像（雕刻）、图画与工艺美术等”。受西方设计教育根源包豪斯理念的影响，在民国时期起引进了包豪斯设计教育理念以及其他发达国家设计教育的模式和体系，但由于国情与社会背景的不同，中国设计教育发展遭受到了一次次挫败，人们发现这种对西方设计学体系照搬式的“引进”并没有真正意义上的促进国内设计教育体系的发展。任何体系的借鉴都应在适合实际背景与需求的情况下进行，这一教育方向在很长一段时间里促使了大量的中国设计失去了本土悠久的文化特色。

新中国成立后的设计教育课程是大多是由美术老师所承担的，其培养的方式多为以视觉审美为主的设计，较少涉及科学技术等领域。改革开放后，人们猛然地察觉到设计教育的缺失将不利于国家的发展，开始了中国设计教育的新旅程。但后来随着人们的崇外心理和跟风心理日益严重，设计模式化、西化的现象也日益明显，许多作品在过多借鉴的情况下失去了原本最为珍贵的本色，真正属于本土的设计师日益缺乏，对我国设计教育的长远发展极为不利。20世纪末国家根据社会发展需求，扩大了高校艺术设计专业的招生规模，中国设计教育开始朝着更加专业化的方向迈进。

1.3 当下设计教育的若干思考

随着国内设计教育的飞速发展，社会中涌现出形式多样、风格多元的设计成果，如建筑设计、环境设计、包装设计、服装设计等。从宏观的角度出发，这种现状虽然在很大程度上扩大了设计教育专业的数量与范围，但不可否认的是，当下的它仍然存在着众多需要我们去思考和解决的问题。

1.3.1 主题内容的思考

主题内容是衡量设计作品价值高低的重要标准。在当下设计成果中，许多设计作品重形式而轻内容，在设计表达上经常沉溺于表象的改造中。对于人们内心深处的呼唤、文化内涵的传承以及社会生活的实质问题关注力度较少，从而导致许多作品深度不够，不能起到方便大众、解决问题的作用。

从逻辑思维的角度入手，导致该问题的原因有很多。一方面，选择学习设计不是一部分学生的兴趣爱好所向。优秀的设计专业人才不仅要在文化内涵上有一定的造诣，同时还应对这份专业拥有强烈的兴趣爱好以及专研精神，用澎湃的设计激情去谱写和创造全新的设计，才会诞生出新一代杰出的设计作品。另一方面，设计教育不同于纯美术，它需要社会学、生态学、人体工程学、心理学等其他学科的支撑与辅助。设计不是抽象的概念，它的最终目的在于适应市场、服务大众以及促进社会发展。设计的精髓在于运用，因此设计既要传承传统的文化思想，又要倚仗现代的科学技术。传承与发扬传统文化思想的不足将直接导致学生设计出的作品缺乏归属感。盲目地崇尚西方文化、效仿西方设计将间接导致设计出的作品与我国当下的社会需求不相符，缺乏实用性与独创性。对于设计教育而言，文化内涵是一件作品重要的内在精神。“民族性的才是世界性的”，民族文化既是设计的根基，也是人类发展的源动力。

如何培养学生设计与创造的思想深度，首先，在设计基础课中拓展教学范围，加强学生的本土意识，使设计教育的学习能够从各个方面、各个层次得到更加全面地教育与辅导。其次，在设计教育中应培养设计初学者敏锐的洞察力，组织他们深入社会的日常场所，鼓励他们关注社会、关注生活、关注人群，倡导他们用设计的眼光去实践和改善身边的生活。

1.3.2 艺术形式的思考

艺术形式是设计作品的外在表现样式，是人体对设计作品产生的第一感知。在设计教育相对滞后的背景下，部分设计师急于求成，通过学习借鉴西方国家较为成熟的经典案例，为自身的设计进行部分改造，从而使国内的众多设计作品呈现出过度设计的模仿状态。伴随着艺术设计教育的衍生，艺术早已成为设计形式的主要表现手段之一。艺术的本质在于独创，它的培养方式主要包含视觉审美培养以及独特个性培养两大方面。视觉审美能力即一种对美的感知能力，它的提高不仅可以美化和丰富生活环境，还可以促进和提升设计品味，这一点在许多专业院校的设计教育基础课中都有所体现。针对设计外在形式过度雷同的问题，独特个性的培养便成了当下解决该问题的主要方法与途径。随着教育模式化的发展，越来越多的专业课程走向了大一统的道路，这种现象往往阻碍了学生独特个性的培养与提高，每一个设计都应具备属于自身个性化的特色与创新，这不仅有利于设计的创新与行业的进步，同时也有利于社会的健康发展。

1.3.3 技术设备的思考

技术设备是设计教育专业的基础，是完成设计作品的重要媒介。设计教育专业离不开实际操作与项目实践。然而，对于国内部分拥有设计教育专业的院校而言，设计仍处于一种纸上谈兵、脱离现实的模拟状态，对现实社会中存在的问题没有起到有效解决作用。造成这一问题的原因有以下两点。第一，校园内教育技术人才短缺。在许多拥有产学研基地的院校内，设备齐全、技术先进，但由于校内缺乏此类设施技术使用的专家，从而导致实验室的机器使用率不高、设备闲置。除此之外，在现有条件的局限性情况下，相关设计专业的教育者在课程安排上也与这些先进设计背道而驰，在大部分设计专业人员眼中，这些先进的设施只不过是既陌生又熟悉的摆设罢了。第二，国内设计教育技术实践水平相对较弱。相对于欧美发达国家而言，我国大多数院校的综合设计水平仍处于发展阶段，还需潜心的学习、研究与实践。

1.3.4 教育模式的思考

教育模式是众多设计教育专家进行系统化、全面化、科学化的研究后形成的专业教学结晶，在设计教育中具有重要的指引作用。在世界多极化、经济全球化、文化多样化、社会信息化、深入发展的国际大趋势下，设计教育模式也因逐步转向多元化的状态，通过不同方向的教育，培养出不同领域的专业人才，从而达到设计人才的最大化发展。根据我国教育制度的趋势以及设计产业化的发展，设计教育的培养模式大致可分为专业型、综合型及应用型三种。顾名思义，专业型设计人才是指拥有创新思维能力以及设计开发能力的专业型人才，此类人才培养多以学习与研发为主，文化基础良好，专业兴趣以及科研能力极强。综合型设计人才主要是指具备多方面文化素养，具有专业设计能力的复合型人才，此类人才多擅长设计管理、策划、教育等综合层面，文化水平较高、知识面较广、反应能力较强。应用型设计人才则多指在专业基础上具有较强实际操作能力的技术型人才，具有较强的动手能力与协作能力，实践能力强，能够经常与企业市场进行互动与交流，在应用上能满足社会的各方面需求。各院校应根据自身设计教育系统的特色与优势、学生的内心向往以及相关市场的实际需求，对设计教育进行相应的分类与定位，从而培养出不同层次的设计人才，使他们在社会发展中有所侧重、各尽所能，从而激发出设计人员的多元潜能。

1.4 未来设计教育的创新与探索

随着时代的不断变化，我国设计教育发展前景光明，相对于部分发达国家而言，我国的设计教育发展应根据国情的特殊性展开科学地借鉴与学习，在找到适合自身方式的前提下，取其设计精华、抓住时代特征，并在适当的时机下进行合理地创新与发展。

1.4.1 明确培养方向，构建特色课程

根据创新教育发展政策的规定，各大院校开始对自身最有优势、最有特点的课程进行筛选与拓展，在明确发展方向的同时搭建更加广阔的学习平台。为此，部分学院可从以下两个方面进行深入。第一，梳理现有的教学资源，明确自身特色及发展前景，调整或创造出符合未来社会发展趋势的且拥有独特个性的专业学科，从而培养新一代创新性设计人才。第二，拓宽特色课程的范围与领域，在现有的专业基础上添加跨专业学科知识，既能淡化专业之间的边缘界限，又能巧妙融合于特色专业中，丰富专业内涵，从而提升设计专业人才的综合素质。据调查，目前部分高等专业院校已逐步开设跨学科专业的交叉课程，探索和建立部分新兴设计专业，并取得了较好的成绩，对当地的设计教育事业也有一定的促进作用。由此可见，明确培养方向、构建特色课程是促进当下设计教育发展的必然趋势。

1.4.2 强化师资队伍，提升教学质量

教师作为教育机构的核心力量，是促进设计教育事业的引导主力。面对当今人才短缺的客观现实，强化教育事业的主力军，建设业务精湛的师资团队已成为目前我国提高艺术设计水平的重要任务。回想改革开放初期，国内培养出了大批创新进取的青年学子，他们先后远赴海外学习，吸取外界精华后再回来报效国家，正是他们这种锲而不舍的钻研精神，最终为中国的设计教育发展带来了巨大成果。除此之外，英国的设计教育能够始终位居世界前列，有一个很重要的原因就是他们特别注重对设计教育师资团队的培养与建设。当然，优秀的设计师除了校内培养外，也离不开不断发展的科学技术平台以及社会实践平台。现在许多高职院校提倡“双师型”教师，鼓励教师“下企业”，通过尝试当前先进设计技术研究，深入企业内部的实际项目，从而真正将设计教育落入实处，提高教学质量。由此可见，

努力提高人才培养水平，是设计教育发展建设的重要内容。

1.4.3 促进校企互动，激发专业热情

校企互动作为当下设计教育方法的主流，近年来备受国内各大专业院校设计教育者的关注与欢迎，他们希望能通过校企合作提高设计的实践性以及人才的培养率。有一些校企合作教学效果良好，但有些效果并非如此。首先，许多企业面对这些尚未入门的学生，教育的积极性并不高涨，因此投入率也相对较低；学生进入企业后并没有得到相应的学习机会，反而浪费了大量学习的时间与精力。其次，部分院校在实行校企合作的情况下更加追求的是院校评估考核成绩，对学生实质性的发展关心甚微，因此也很难达到培养人才的初衷及效果。面对这种现实，相关专家是否应当减少一些表象的形式而真正地关注到设计教育的实质上呢？又或者说是否可以通过另一种方式促进校企互动，从而达到人才培养的目的呢？比如在业余时间引导学生合理安排学习计划，加强学生对数字媒体、云技术等高科技知识的学习，或者倡导院校与相关企业举办各种设计项目比赛，在增强学生实战能力的同时强化企业设计人员的创造思维，校方跟企业也可对比赛的胜出者进行相应的奖励与鼓励，使大众在探索专业的过程中更具激情与热情，从而更加和谐地达到校企合作的最终目的。

1.4.4 重视传统文化，增强设计内涵

传统文化是设计的内涵，是设计教育的主要支撑力量，对文化传承、国民强盛都有着至关重要的作用。对于当代社会而言，缺乏传统文化理念的设计作品往往是没有内在的作品，正如东晋画家顾恺之所推崇的以形写神理论，他认为作画时意在传神，只有拥有文化底蕴的作品才能够达到意韵生动的理想境界。随着人类社会的进步与发展，设计教育既要跟随时代的脚步，利用当代的先进科技去完善设计，又要尊重传统文化的理念，将民族特色、地方风格、原土文化巧妙地融于设计教育成果中，既充实了设计内涵，又弘扬了文化特色。怎样才称得上是重视传统文化呢？重视传统文化不是单纯地将文化中的符号转化为样式、图形等设计表面形式，而是充分了解其文化背后的思想与观点，然后将其生动地贯穿于设计的全过程，使设计成果在体现现代技术的同时延续历史文化特色，从而彰显设计教育的真正价值。

1.4.5 关注现实生活，促进社会发展

关注现实生活是设计教育发展的重要宗旨之一，设计来源于现实生活，设计服务于现实生活，设计教育成果的优劣将直接影响到人们的工作效率以及社会的生活水平，因此设计教育应当时刻为大众、为生活、为社会、为国家着想，突破传统设计教育理念，有效地将知识与科技转化为现实生产力，从而使社会经济得到发展，最终达到促进社会发展的目的。

二、何为景观设计

2.1 景观设计是什么

在日常生活中，我们常把一些具有视觉特征的环境称为景，既为人而设，又因人而动。景观和观景之间存在着一种看和被看的相互关系，它既取决于物象，又取决于人心。从古至今，美景便是人们观赏的焦点，许多诗人还为此谱写了大量传诵美景的诗篇，修园造景也慢慢成为人们提升生活品质、陶冶内心情操的一种重要途径。直至当代，景观被国内外诸多学者归纳为一门系统的、科学的、综合的艺术学科，景观设计也因此备受关注。

经多方研究发现，景观设计是一种集结了

地理环境、自然生态、历史文化、人文精神、社会利益等诸多领域的科学与艺术。自1828年起，从装饰土地艺术到文化科学艺术，景观设计的概念一再被学者颠覆。直至20世纪90年代，经美国景观设计师协会确定，将景观设计的内容归纳为一种灵活的设计，它既能巧妙地融合文化精神与自然环境，又能较好地平衡和保护自然的可持续性以及文化的多样性。随后在《景观设计：专业学科与教育》一书中也有提及：景观设计是一门建立在自然科学以及人文艺术科学基础之上的应用型学科，其终极目标在于平衡建筑、环境、人类行为三者之间的关系，从而达到在某种空间上的和谐。

景观设计概念广泛、分类复杂。有广义与狭义之分，如地理学景观与风景园林景观；有自然与人工之分，如自然保护区景观与道路文化景观；有软质与硬质之分，如硬质铺装设计与植物设计。除此之外，还有宏观与微观之分、临时与永久之分、实用与艺术之分、传统与现代之分、国内与国外之分等，类别繁多、规模庞大。从某种意义上来说，景观设计既是对美好家园的设计，同时也是对文化、精神、思想等赋予归属感与认同感的设计。放眼全球，始于足下，早在远古时期，景观设计就是人们寻求生存之道的技术与艺术，它反映的是天地人神关系、社会阶层理念与思想文化信念。

2.2 中西方差异

景观设计作为城市的重要组成部分，历史悠久，影响深远。面对不同的时代背景，景观设计的存在方式和设计理念日新月异。通过对中西方不同时期、不同阶段的分析，挖掘景观设计成长背后的秘密，从而对其进行更加全面地了解、创新与发展。

2.2.1 西方的景观

2.2.1.1 古希腊时期与古典时期

西方景观最早是从古埃及时期开始的。直至公元前800年左右的古希腊时期，随着城市概念的形成，社会分工思潮的涌现，西方的中心空间开始由最初的宗教空间逐步转变为一个集商业、文化、集会等多种功能空间于一体的综合性场所，广场景观也因此而诞生，西方景观空间开始真正被人们关注，成为大众休闲活动的重要场所。后来进入古典时期，在卫城和庙宇不断消失的情形下，新的城市中心直接发展成了注重非对称平衡的广场景观空间，如阿索斯城中心广场。

2.2.1.2 古罗马时期

古罗马时期可谓是西方景观设计第一个略显成熟的时期，随着社会的进步、技术的加强以及政治集权，西方景观设计的类型逐渐增多，其特性也随之产生了微妙的改变。景观设计的形式开始由自由式转化为规整式，由中庭式转化为回廊式，由开敞式转化为封闭式。景观空间的形状也逐渐出现了方形、圆形、矩形等多种规则式空间，与此同时，人们还研究出了相对具体和完善的设计手法，结合当时的各种行为尺度，广泛运用于西方城市景观空间设计中，并且对当时中世纪的西方景观设计产生了巨大影响。除此之外，这种内向型的景观空间随后也在众多欧洲建筑空间布局中被广泛运用。

2.2.1.3 中世纪时期与文艺复兴时期

受古罗马时期的影响，中世纪的西方景观设计开始逐步形成多样化景观格局。在空间构成上，封闭式空间的景观设计平面多呈不规则图形，具有较强的围合感与内向感。代表作品有意大利的锡耶纳广场、佛罗伦萨广场等。

到了文艺复兴时期，西方诸多国家开始提倡人文主义思想，追求主观人为的视觉秩序以及雄伟壮观的艺术效果。这个时期的景观设计多呈现出对称式格局，注重艺术美学、透视原理和黄金分割比例法则。此外，通过摆放雕塑的手段丰富景观空间，在强调设计动态视觉与对景效果的同时，追求风格的统一与形式的协调，从而使空间尺度比例变得更加完美。从某种角度来说，这种设计方法不仅增强了景观设计手法，而且还延续了当地历史文化，使西方景观设计又一次得到了前所未有的突破与发展。

2.2.1.4 巴洛克时期与古典主义时期

随着社会的进步，西方景观设计理念发生了空前绝后的变化。以广场景观设计为例，设计师开始将广场景观空间与城市道路体系紧密融合，在强调动态视觉美的同时又加强了景观设计的使用功能，从而更进一步缓解了人们的生活压力，提高了人们的工作效率。

2.2.1.5 工业革命过后

这一时期的西方社会发生了革命性的转变，面对全新的社会格局和社会问题，景观设计师的设计方式竟没有随之发生变动，采取的仍然是原先过于注重美学标准与纪念性的古典主义式，景观设计与社会关系产生了断层，步入某种技术的极端。直到第二次世界大战过后，“城市”概念复苏，环境意识确立，西方景观设计的理念思潮也在设计师的不断探索中发生了转变，然而尽管很努力，这种转变仍然没有在当时得到较好的影响。

2.2.1.6 绝对君权时期

从 17 世纪开始，随着绝对君权的建立，西方景观设计的风格也随之进化成了秩序的、组织的、追求抽象的对称协调风，并且设计中严格强调构图的主从关系与轴线关系。意外的是，广场景观设计在这个时期反倒显得格外突出。

2.2.2 中国的景观

2.2.2.1 古代

由于历史文化背景的不同，中西方国家在景观设计方面的侧重点也有所不同。在中国，大多数人在思想上都较为保守和传统，对于城市公共景观空间的需求不大。相反，中国的向内型景观设计空间形态发展较快，不论是功能形态的多样性，还是历史文化的贯穿性，都是他国所不能相比的。

早在夏商周时期，中国传统庭院景观设计已经出现了组群式的空间布局。随着“门堂之制”思想的涌入，全国各地开始流行廊院式的建筑空间，这种建筑空间布局以中轴对称式为主，建筑的中心便是庭院空间的前身。到了秦汉时期，许多建筑空间开始往平面方向延伸，建筑的围合发展逐步促成了真正意义上的庭院，而后又发展到了以院落空间为主的景观设计空间，更进一步地促进了庭院景观空间的开拓与发展。到了唐宋时期，木构架建筑技术逐步成熟，建筑规模越发壮大，社会意识形态也在潜移默化地发生转变。随着国内景观空间设计标准化模式的不断成熟。直至明清时期，四合院开始在城中各处定型，景观空间的布局形式也由此发生了地域性变化。

2.2.2.2 近现代

自 1840 年起，随着文化思潮的演变，中国景观设计的理念也开始着重于发展城市规划、生态学、建筑学、环境心理学等多方面知识的综合运用能力，在设计上追求功能的多样化与复合化，在平面布局上强调形式的系统化与和谐化，在空间设计上侧重环境的立体化与生态化。从景观设计的发展角度出发，未来的景观设计方向将呈现出形式多样化、功能人性化、生态绿色化、文化传承化、个性创新化等众多必然趋势。

形式功能的多样与实用

在景观设计中，形式功能的多样与实用是指在某个景观场地中，将多重变化的空间与多种实用性功能巧妙结合的一种创新艺术。其中空间的变化主要包含了高差变化、形状变化、材质变化等，不同的空间形态能够给人们带来不同的使用功能。除此之外，设计师还可根据人们对环境行为的不同需求，更进一步地将景观空间进行多样分割，分割出的诸多小空间相互搭配交融，从而使整个景观在总面积不变的情况下达到功能最大化。

文化内涵的注重与体现

景观设计是一门城市艺术，它反映的是整个城市的形象、风貌、精神、内涵、文化与特色。在设计景观的过程中，应从背景因素入手，在注重文化内涵的同时，对城市历史渊源、文化遗产、城市特点等相关资料进行整理和收集，再通过分析、设计与创新，将文化内涵巧妙地体现于设计中，从而使整个景观环境更加耐人寻味。

生态个性的持续与创新

设计尊重自然。自然环境是景观设计的根基，与人类的生存密不可分。生态可持续主要包括以下两点：一是减少对现有生态的破坏，极力保护地域环境的传统特色；二是发展绿色设计，在有限的范围内扩大绿色面积，从而给生活带来更多的生机与健康。除此之外，对于景观设计的个性化发展也是当前必不可少的一个重要方向，适当地彰显个性不仅可以美化“旧”环境，还有助于发展与创新“新”环境。

2.3 景观设计的“五 · 五”基础

景观设计是城市文明的象征，是展现人们生活状态、审美水平、精神素质的隐形舞台。在设计景观时，我们经常会因为方向的迷失而遇到各种意想不到的问题。为了促进景观设计的多方面发展，抓住主要的设计原则与设计要素尤为重要。

2.3.1 五个景观设计原则

2.3.1.1 以人为本

人是景观设计中的主要服务对象，是城市环境里的主体。景观不仅是让人参与的休闲乐园，更是供人们方便的活动场所。好的景观应与观者的视觉、行为、心理等多方面产生互动，从而达到尽兴尽情的效果。“以人为本”的设计原则应紧密结合人体工程学、心理学等多元学科，将人性化设计、无障碍设计嵌入其中，努力实现人与空间、环境的协调与互动，把关心和尊重贯彻到整个设计中。

2.3.1.2 多样统一

在景观设计中应时刻保持多样统一的原则，即在坚持形式、材料、色彩等设计要素多样性的同时，达到整体环境的和谐与统一。景观是艺术家针对特定的人群、特定的环境所量身定做的艺术品，具有鲜明的个性与魅力。多样化景观是强化空间特色的重要设计方法，为避免整体效果过于零碎，设计师应多注意空间设计中从整体到局部的节奏感与协调感。

2.3.1.3 绿色生态

自然是人类赖以生存的根本，社会的发展须以自然环境的保护为前提，景观设计也不例外。自然环境本是不可再生资源，但是合理的保护和利用则是促使自然环境再生的有效方法，例如在造景时留有相应的可以延展、可以更新、可以随季节变化的弹性设计。伴随着绿色设计潮流的涌入，全国各地都在进行可持续发展活动，目的就是希望在延续绿色资源的同时发展和创造全新的健康家园，从而为人们的生活营造出更加宜人的绿色空间（图 1）。

图 1　悉尼达令港城市广场景观设计

2.3.1.4 彰显特色

随着景观模式化的普遍发展，许多地方景观都呈现出雷同的情形。面对这种问题，景观设计的特色化显得十分重要。特色化景观主要包括地域特色、文化特色、社会特色三个方面。合理运用这三个方面，不仅可以重现当地风貌、延续历史文脉、彰显文化特色，还可以提升环境的形象与内涵，实现真正意义上的个性化设计与艺术化设计。

2.3.1.5 寻求意境

意境是景观设计的灵魂，也是景观设计的最高境界。曲高则和寡，它既可以美化环境、丰富空间、营造氛围，又可以使人们在来往之余引发遐想、净化心灵、升华情操。对于景观主体而言，集聚神、情、理、趣、韵的景观才能使人沉浸其中。

2.3.2 五大景观设计要素

2.3.2.1 地形

众所周知，地形是景观设计中集美学要素与实用要素于一体的重要部分，是地球表层中一种具有较大起伏变化的空间形态。简单地说，地形就是地表的外观，是景观设计的重要要素。

在景观设计中，地形要素的设计应遵守因地制宜、因形就势、最少干预三大原则。每一种地形都有属于自己的地形地貌、传统民俗、环境气候等特有信息，通过了解地形归属地的历史变革及发展现状，我们能从侧面更加有利地获得和掌握其未来发展的趋势与方向。与此同时，环境需要平衡，场地也需要平衡，人们应充分保持地形地貌和场地的生态平衡关系，在最少投入的前提下营造出最为理想的环境空间。

地形的利用与改造

景观设计的根本在于对地形的合理规划，改造得越少，对环境的伤害也就越少，与此同时对设计的要求也就越高。合理利用现有地形，对其稍加改造，通过地形控制等简单设计方法进行一种更加原生态的景观改造。

改造不是重造，只是在原地形的基础上使其变得更加实用和美观。改造后的地形应满足造景的前提，良好的地表自然排水系统以及严谨的功能空间分布都是地形改造首要考虑的问题。

2.3.2.2 水体

水体要素无处不在，无论是浩瀚的大海、翻滚的激浪、疯狂的瀑布，还是清澈的溪流、平静的淡水、涌动的泉水，都是水体的存在方式。它是大自然中最为活泼且多变的神奇角色，具有无可抗拒的吸引力。从古至今，无论是我们的祖先，还是我们，生存的每一寸土地，生活的每一个地方都离不开水体，它是人类赖以生存的本源。水体的设计复杂多变，需综合运用自然生态学、人文社会学以及艺术美学等众多领域的专业知识，将水体与环境融合，通过对环境空间的具体分析、设计、改造与管理，实现水体设计与环境再造相互交融后的可持续发展。

水体的类型和形式

生活中我们常见的水体类型有自然水体和人造水体两种。自然水体经常出现在自然景区中，其形态与特征相对自由，如河流、溪流、湖泊、泉水等，这些也被部分专家称为活水。而人造水体是经过人工设计或改造形成的水体景观，有全部人工和部分人工之分。全部人工改造后的水体形态与特征相对拘谨，如人工湖、游泳池、喷泉池等，这些也被部分专家称为死水。部分人工改造过后的水体介于前两者之间，如设有音乐喷泉的西湖、江南的小桥流水、西安的灞河河道等。

在景观水体设计中，水的存在形式也是千姿百态的。常见的有静水（如湖泊、水池、水塘）、活水（如溪流、水坡、水道、水涧）、跌水（如瀑布、水帘、壁泉、水梯、水墙）和喷涌的水（如各种类型的喷泉）四种基本形式。这四种形式反映的是水从源头（活水）到过渡的形式（跌水）、再到终结（静水）的一连串循环运动。

水体设计的基本原则

第一，是安全性原则。水常常给人一种莫名的亲切感，尤其是社会中的老人和小孩，他们的亲水心理相对严重，特别喜欢在有水的周边散

图 2　墨尔本　皇家植物园

步或玩耍，有时稍有不慎就会跌落水中，使人担忧。因此，安全性原则就成了水体设计的首要原则。假设，当水体周边的断口处种植相关植物，亦或是在不安全处设置警示标识设施或景观式围栏（图 2），那么由水造成的危险是否会少一点呢？除此之外，水生植物的配置也十分讲究，既要与近水道路合理结合，又要避免选择存在不安全隐患的植物，以确保不会影响水体本身的质量与安全。

第二，是生态性原则。水是万物生长的源泉，水的生态性主要体现在净水和节水两个方面，采取的途径有很多，比如从水生植物的角度出发，选择安全的配置方法；亦或是从道路设计的角度出发，考虑水路周边的生态设计（图 3）。在水体生态化设计中，除了水生植物的安全选择，导致水污染的原体还有水生动物和水底微生物，它们都是水体生态设计应当考虑的问题。除此之外，随着“海绵城市”理念的涉足，在排水设计上又增添了道路直排和在道路两侧做生态植草水沟两种办法，有利地缓解了积水所带来的不良影响，为今后的景观水体设计发展提供了便利。

图 3　澳大利亚花园

第三，是亲水性原则。亲水是人类的天性。比起远远地观赏，人们更加倾向于能够与水亲密接触，去触摸它、融入它、感知它，从水中寻找快乐，并将这种快乐更加直观地传递给身边更多的人，从而促进人与水、人与人的交往，使生态关系、人物关系以及社会关系变得更加亲密与和谐（图 4）。一个人性化的、个性化的、情感化的亲水设计，不仅能促进人与自然的互动，更能让人们不由自主地从中体验到许多未知的快乐。

2.3.2.3 植物

什么是植物？植物是大自然中所有树木和花草的总称，是景观空间设计的基本要素。

植物的分类及功能

植物的种类繁多，生活中我们常见的植物大致可分为以下五大类：乔木、灌木、藤本植物、草本花卉、地被植物（包含草坪）。

第一类：乔木。乔木多指树身高大的树木，该类树木由根部产生独立的主干，树干和树冠有明显区分，在景观中常起主角的作用。乔木的用途十分广泛，比如分隔空间、丰富空间、提供绿荫、调节气候、治理污染、增强艺术效果等。

第二类：灌木。灌木是绿化的主要基调，在景观中常以群聚式或条带式出现。灌木的特征明显，没有明显主干且形状相对矮小。灌木在自然界中起到减轻辐射热、防止光污染、降低噪声和风速、创造空间等作用。

第三类：藤本植物。藤本植物大多细长且不能直立生长，常依附于别的植物或支撑物上，通过缠绕、攀援等方式向上生长。在藤本植物中，可根据茎质地的不同而分成木质藤本（如葡萄、紫藤等）与草质藤本（如牵牛花、长豇豆等）两种。从某种意义上说，藤本植物属于性价比比较高的植物种类之一，集经济性、功能性与观赏价值于一体，既可以美化硬质墙体，又可以创造空间，为人们的休闲娱乐提供一片全新的绿色天地。

第四类：草本花卉。草本花卉是一种枝干不发达、支撑力软弱且具有草质茎的花卉。在草本花卉中，按其生育期长短不同，可分为一年生、二年生和多年生三种。在配置草本花卉时，设计师时常将其与地被植物相结合，组成各种搭配鲜明的彩色拼图，诸如花坛、花池、花丛等，既美化环境、保持水土，又防尘固沙、吸收雨水。

图 4　露天水景设计

第五类：地被植物。地被植物是指那些株丛密集、形态低矮、具有一定观赏价值和经济价值的植物，可用于覆盖地表、防止水土流失，能吸附尘土、净化空气、减弱噪声和消除污染等。草坪也属于地被植物的一种，相对于其他地被植物而言，其养护费用较高，在现代景观设计中使用量过大，而后被单独列出。地被植物种类繁多、色彩斑斓、繁殖力强、覆盖迅速且维护简单，是构造自然生态景观的有效资源。

种植的配置原则与方式

在景观设计中，植物的配置也是相当重要的，它的设计预示着设计阶段的尾声以及景观设计的完善。合理的植物配置不仅可以营造出丰富的空间氛围，还可以控制视线，改善局部气候，在配置过程中，设计宜整不宜散，应时刻考虑空间的层次关系和整体关系。

常用的配置原则有以下四点。第一是主题原则。适当的将一种或几种特定的植物进行小面积搭配与组合，使其形成某种独特的风格。面对这些搭配和组合过的小景，人们常常会赋予它们一些特定的文化内涵和精神寄托，从而形成独具主题意义的景观小品设计。第二是整体原则。景观设计是一门综合性很强的专业学科，在设计植物配置的时候应当具备一定的整体调控能力，并充分利用地形地貌、自然景观、城市性质等综合知识，使其更具科学性与专业性。第三是适宜原则。该原则主要是为了提醒设计师在配置植物前应注重适地、适树以及适境。第四是经济原则。该原则是四大原则中最实在的原则，鼓励当下设计师积极开拓和发展节水型或节资型景观，以实现经济效益最大化。

除此之外，植物配置常用手法也分四种。第一是孤植。孤植通常采用的都是造型优美的树种，根据构图与场景的需要，将其作为整个景观空间的主景。其原理与之前的主题原则有异曲同工之处。第二是列植，又名带植，换言之就是将植物按照成行或成列的方式种植。这种种植效果既整齐又壮观，生活中常以行道树、林带等形式呈现。第三是片植。这种形式经常将植物成片成团地种植于景观空间中，形成大面积植物体，再配合色彩与造型，使其达到吸引人们视线的作用。第四是群植，又称树群。它能够与周边的灌木、草本、花卉等多种类型的植物相互融合，形成一个比较完整的且具有调控局部气候功能的小型生态系统。

植物的空间改造

植物配置的妥善与否与景观空间改造关系密切。常用的改造方法有以下几种。第一，包被。它是指将植物与周边的实体相互围合而形成私密性较强的封闭空间或者半封闭空间。第二，连续。它是利用植物的任意性，将其与周边较为分散的实体进行间接性连接，形成某种独立的空间。第三，遮蔽。针对人体视线的分析，利用植物的高低、疏密等特性进行部分遮挡，通过各种巧妙的分割在大空间里形成半私密空间。第四，私密性控制。它是指在遮蔽过甚的情况下形成的一种私密空间。

除此之外，植物的色彩、质感以及高低都可以对空间进行适当的改造。例如，深色的植物能使人感觉遥远，使空间变得更加安静；而浅色的植物则更加亲切，容易使人产生景物向前突进的错觉。

2.3.2.4 道路铺装

景观道路铺装是指在景观环境中运用自然或人工的铺地材料经过一定设计后铺设于地面的一种基本形态。铺装作为景观设计中的重要要素，它与人们接触得最为频繁，因此它也是表现设计的一个最快途径。除展现美观，舒适、个性的道路铺装设计还有导引交通的功能。

对于铺装的分类而言，不同的方向就有不同的分法。从材质的方向出发，大致可分为以下七种（图 5）：

（1）沥青路面，多用于城市道路和国道；

（2）混凝土路面，多用于城市道路和国道：

（3）卵石嵌砌路面，多用于各种公园和广场；

（4）砖砌铺装，多用于城市道路以及小区道路的人行道和广场；

（5）石材铺装，多用于城市广场；

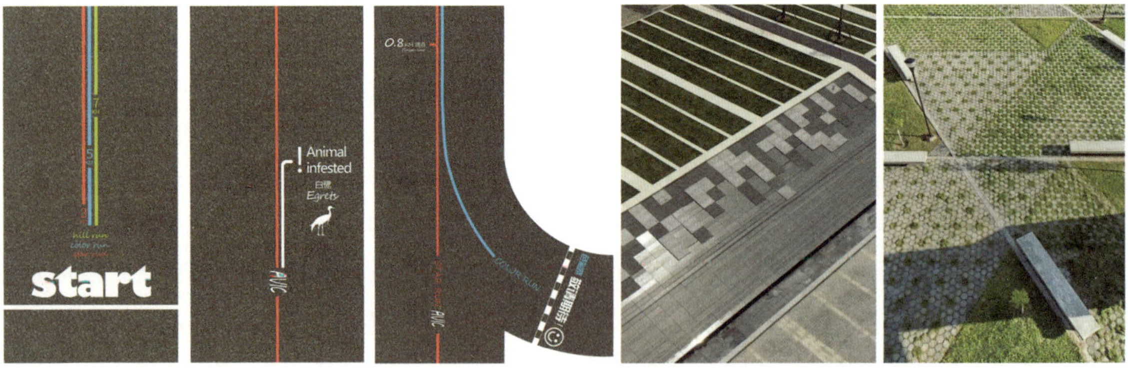

图 5　不同材质的铺装设计

（6）预制混凝土块；

（7）嵌草砖、植草板。

铺装的设计要素

铺装设计的目的主要在于方便人们走路、活动、聚集等。那么铺装的设计要素有哪些呢？

第一是色彩。铺装中的色彩表现具有鲜明的个性特征，它能在第一时间内带给人们各种不一样的感受。亮丽的色调可以使人充满活力、轻松愉快，灰暗的色调则可以令人平静温和、沉默安静。

第二是质感。质感是铺装材质表面的纹理，它的功效与色彩要素相似，都具有改变人们心理活动的特点。如鹅卵石铺地会让人感觉安静，彩色塑胶铺地会让人充满活力，剁斧面石材铺地会让人觉得贴近自然等。

第三是纹样。在景观铺装设计中，经常会发现许多利用各种各样的形态或纹样拼贴而成的铺装设计。该形式常因场所的不同而有所变化。设计师常将纹样、材料与景观空间的意境相结合，可达到提升环境氛围的作用。

第四是触感。该要素经常利用铺装材质的突兀感，配合功能需求、文化需求等要素与人体相互作用，从而产生出按摩健身的效果，使铺装在突出景观特色的同时达到一定的健身功效。

2.3.2.5 公共设施

公共设施是一种迎合大众活动行为与需求的公共产物。随着社会生活水平、人类精神文明的不断进步与发展，公共设施的功能特征以及审美艺术也在不断地提高与更新。公共设施常见于户外公共环境中，不仅可以提供人们识别、应用等服务功能，还可以美化空间氛围，提升城市水平，从而促进景观环境的持久性与交流性。

公共设施的分类有很多种，以设施景观的服务用途为例，大致可将公共设施分为以下七类：

第一类：休息设施，如座椅、野外桌等；

第二类：服务设施，如电话亭、邮筒等；

第三类：信息设施，如标志、指示牌等；

第四类：卫生设施，如饮用水栓、洗手设施、垃圾桶、公用厕所等；

第五类：运动设施，如各类运动场、球场、高尔夫球场等；

第六类：游乐设施，如儿童游戏设施等；

第七类：交通设施，如分隔墩、隔离墩、路障、候车亭等。

公共设施设计要点：

任何公共设施都是个性和共性的统一体，都应具有安全、舒适、识别、和谐、文化等特性。景观设施设计应当坚持以人为本的原则，在提倡生态性和节约性的同时，达到与周围景观的贯穿与互融。但有时由于受到地域环境、文化涵养、使用人群、功能技术等外在因素的影响，景观公

图 6　各种铺装设计要素

共设施设计有许多不定的局限，为此景观设施设计还应具备一定的多样化和个性化。

2.4 广场与庭院

随着社会生活需求的不断提高，人们对景观设计的功能属性也有所归纳与细化。广场与庭院作为城市景观的重要组成部分，分别适应着不同的人群与环境，在景观设计领域中影响深远。

2.4.1 广场的认知

广场这个概念最初是供古人举行公共聚会以及祭祀大典等庞大集散活动的公共场地，该场地大多由各种实体建筑以及少量分割物围合而成，具有一定的空旷性与宽敞性，是城市外部空间的主要组成部分。随着人类文明的不断发展，人们开始对这块场地倾注了大量的文化内涵与精神寄托，使其从一块单纯的空地逐步演变成了当今社会一种融现代文明与传统文脉于一体的公共空间——广场。

那么，到底什么是广场呢？著名奥地利建筑师罗伯特·克里尔曾认为广场是一种四周都有房屋的开阔空间，并且这种空间具有一种神奇的约束力。除此之外，也有人认为广场是存在于城市繁华区的、被硬地覆盖的、被街道环绕的活动集中地，且具有吸引大量人群的特性。在现代景观设计中，对于广场的认知，不同的人就有不同的观点。从广场功能与作用的角度出发，我们可大致将其归纳为以下几个方面的内容总和。第一，它存在于城市之中，为人们提供休憩、交往、娱乐、集会等各种室外活动空间。第二，它具有明确的边界范围，能够较好地过渡和协调周围构筑物的相互关系。第三，它拥有许多公共设施，能够在最快的时间里改善城市风貌、展现城市文明。

综上所述：广场是由建筑物、地形、水体、植物等景观要素围合而成的且具有一定规模的开敞空间，是集聚人们行为活动的城市户外场所，是体现城市风貌与形象的重要代表。

2.4.2 广场的分类

在现代城市景观设计中，广场的分类十分复杂，通常情况下可从广场的性质、广场的布局以及广场的形式三个方面进行阐述与分析。

2.4.2.1 按广场性质分类

广场的性质主要取决于它在城市空间中的位置、环境、周围构筑物及其相应功能等，大致可分为集会广场、纪念广场、商业广场、交通广场、休闲广场等。

集会广场

集会广场在空间上多以对称布局为主，周围伫立着众多公共性建筑，其中标志性构筑物常立于广场的中轴线上，从而产生稳重庄严之感（图7、图8）。集会广场的功能除了为集会、游行、庆典等活动提供场地，也兼设了为人们提供娱乐、休闲的活动空间。

纪念广场

纪念广场的存在意义在于缅怀历史事件或英雄人物，多以文化遗迹或者纪念性构筑物为视觉中心和景观节点，如纪念碑、人物雕塑等。

在设计此类广场景观时，设计师经常为了突出某一主题，将一些主体标志物立于广场中心，与此同时还根据场地背景来调整其尺寸与大小、形式与样式、材料与质感等，从而使整体氛围更加和谐统一。有时为了加强整个广场的纪念效果，将利用高超的营造技艺将纪念主题刻画得生动夸张、形象鲜明（图9、图10）。

商业广场

商业广场一般存在于以步行街为主的商业区主要交通干线上，此处人流量众多，常被人们用来进行集市贸易、展销购物、休憩娱乐等活动项目（图11、图12）。对于商业广场设计而言，标志、雕塑、水景、座椅等城市家具和广场设施是此类广场的必要元素，常常使人们忘却时间、乐

图 7　罗马圣彼得大教堂广场

图 8　布鲁塞尔市政厅广场

图 9　华盛顿越战纪念碑广场

图 10　美国 911 纪念广场

图 11　美国纽约时代广场

图 12　新加坡乌节路步行街

在其中。

交通广场

交通广场作为城市交通系统的有机组成部分，是交通的连接枢纽。一般情况下，交通广场可分为以火车站前广场为例的集散广场和以环岛为例的由城市干道交会而成的流通广场两大类。这些广场在满足交通基本功能的前提下，与周围建筑相互呼应，既能丰富城市风貌，又能增强空间效果，使人印象深刻（图 13）。

休闲广场

休闲广场是城市居民生活休闲的重要场所，是提供人们休憩、交往、观光、游玩的公共空间，该空间常与公共绿地相结合，与城市居住区紧密相连（图 14）。

2.4.2.2 按广场的平面布局分类

受到地形、文化、观念等多种因素的影响，广场的平面布局也表现为各种不同的形态，总结与归纳这些形态，大致可分为单一形态广场和复合形态广场两种。

单一形态广场

何为单一的形态？简单地说，就是指规则的几何图形形态或者是不规则的自由图形形态，他们具体的表现与特性各不相同。

规则的几何形态广场形状相对规整，并且有比较明显的纵横轴线，如正方形广场、梯形广场、圆形广场等（图 15、图 16）。无特定明显的主次概念，常根据城市道路的走向、主要建筑物

图 13　法国巴黎共和国广场

图 14　泰国清莱山地购物广场

图 15　西班牙广场

图 16　澳大利亚居住景观项目

的位置以及周围绿化的布局来确定广场空间的位置与方向。

不规则的自由形态广场大多是由周边的建筑群自然的围合而成的，具有一定的自由性与流动性（图 17）。该类广场普遍存在于高度密集的城市空间中，往往具有亲和的规模尺度，良好的视觉比例以及浓厚的生活气息，被誉为城市户外空间的“起居室”。

复合形态广场

相对于单一形态广场而言，复合形态广场是以多个基本几何图形以有序或无序的组织方式合并而成的，相对于单一形态广场而言，这种复合形态广场的合理性及多样性相对较强。

2.4.2.3 按广场的空间组成形式分类

从剖面的角度出发，广场的空间组成形式主要表现为平面型与立体型两种。

平面型广场

平面型广场是指广场空间中的主体地面、主次出入口以及各种交通流线都位于类似的统一高度上，大多采用局部小尺度高差变化，从立面上观察则整体空间形态起伏程度较弱。

现代平面型城市广场的形式多样，有方形、矩形、圆形等几何形体构成的中心型广场，也有

图 17　哥本哈根超级线性公园

主次相辅的多空间复合广场，除此之外，还有沿线型展开的条形广场。

立体型广场

立体型广场与平面型广场恰恰相反，是指通过垂直交通系统将不同水平层面的活动场所合理串联的多层次空间，从立面上观察则整体空间起伏程度较强（图 18、图 19）。

对于绝大多数体验者而言，具有适度地形变化的广场空间更具美学吸引力。地形作为景观设计的基础要素，它的上下起伏变化对人体的视觉、生理、心理感应等都影响巨大。对于处在密集建筑中心区的立体型广场，设计师可将自然生

图 18　西班牙马德里圣多明各广场景观设计

图 19　日本琦玉市 keyaki hiroba 广场景观设计

态景观要素重新引至城市广场中，在美化环境的同时赋予城市全新的面貌与形象。

2.4.3 庭院的认知

庭院的出现源于人们对生活、文化、精神的需求，多存在于半室内空间或开敞空间中，主要是为了提高审美、增强意识、净化心灵以及陶冶情操等。

从广义的认知出发，庭院的界定一般可从空间的范围入手，形成在水平方向围合、在垂直方向伸展的景观空间。由于庭院的边界大多是由室内建筑及其周围分隔元素围合而成的，因此庭院也具备室内景观空间的特质。生活中，我们常见的庭院景观有私家花园、屋顶花园等。

从狭义的认知出发，庭院景观是指将部分室外景观通过借景、意象等手法巧妙地引入室内空间或者建筑空间中，从而形成一种具有室外景观特色的室内庭院景观（图 20）。

图 20　庭院景观设计

2.4.4 庭院的分类

同广场类似，庭院也存在着诸多分类形式，比如从空间形态上分、从表现内容上分、从景观风格上分等。

2.4.4.1 空间形态上的分类

从空间形态的角度出发，庭院空间就是以不同围合程度为依据的供人们休闲欣赏的外部空间。常见的有室内围合庭院空间、室内半开敞庭院空间、露天开敞庭院空间等。

室内围合庭院空间

室内围合庭院空间是指在有顶围合的室内空间中进行景观设计，它将景观场地由室外向室内延伸，通过人造景观来渲染自然气氛、烘托环境氛围（图 21）。在建筑空间中，大堂中庭、侧厅、室内街等场地都是创造室内庭院景观的理想空间。这种理想空间不仅可以对已有的空间需求进行优化与创新，同时还给人们带来了简洁、温馨、自然、健康的室内绿色环境。

图 21　芝加哥儿童医院皇冠天空花园

室内半开敞庭院空间

日本建筑大师黑川纪章曾提出建筑灰空间的概念。该概念意指建筑与外部环境之间相连的过渡空间，其目的是希望室内外空间能够相互贯穿与融合，比如建筑入口的柱廊、过厅、阳台等，将这些空间与景观相结合形成室内半开敞庭院空间。

随着绿色室内设计的发展，这种半开敞庭院空间的景观设计运用灰空间设计手法，将自身与建筑结构紧密相连，借此来融合室内与室外的环境。

露天开敞庭院空间

受现代空间形态影响，设计师在创造建筑空间时，时常会留出一部分暴露于室外的景观空间，这些景观形态有的被建筑体包围，有的依附于建筑体之上，如私家花园、屋顶花园等（图 22）。

这些暴露于室外的景观和室内空间联系密切，一般通过借景的方式将景观引入室内，因此这部分景观也成为室内景观所涵盖的部分。现在很多居住区都有屋顶花园，它是室内景观的范畴，也是室内景观的延伸，充分体现了建筑与环境的交融关系。

2.4.4.2 表现内容上的分类

从表现内容的角度出发，我们可大致将庭院景观分成自然生态景观与人文艺术景观两种。

自然生态的庭院景观

自然生态型庭院是指将植物、水、山石等自然元素及其自然的搭配方式带入庭院空间中，使其更具大自然的气息与生机，在一定程度上还极大满足了人们热爱自然、亲近自然的美好愿望。自然生态型庭院景观常常使室内空间充满和谐的自然生态美，为单调的室内空间带来了一丝轻松与惬意，同时也拓宽了室内空间的使用范围，使人们的生活得到改善，工作效率得到提高。

人文艺术的庭院景观

每个不同地方都会产生不同的自然景观、人文特色和风土人情，围绕居住环境创造出具有人文内涵和历史文脉的庭院环境是此类庭院设计的独到之处。人文艺术型景观利用这一特点将庭院空间环境与当地的文化内涵相融，使民族精神与历史文化都能得以传承与发展。人文艺术庭院景观的设计要素除了植物、山石等自然要素，还包括众多具有人文艺术气息的景观小品，如雕塑、灯具等。

2.4.4.3 景观风格上的分类

随着人们内心需求的多方面提升，庭院景观

图 22　澳大利亚 Burnley 屋顶花园

风格也随之丰富多变，其中最为典型的当属中式风格、日式风格、欧式风格和现代风格。

中式庭院

中式庭院受传统儒学的影响，浑然天成、幽远空灵。它在造园手法上，一方面，“崇尚自然，师法自然”，在有限的空间范围内利用自然条件，模拟自然美景，传达人生哲理，充分利用景观元素的特点与特性，创造出一片协调共生、天人合一的美好场景；另一方面，寓情于景，情景交融，寓义于物，以物比德。在色彩运用上，它较多采用灰白色背景，强烈烘托了景观的美。在构图设计上，它多以曲线为主，讲究曲径通幽。在整体布局上，它以住宅建筑为背景，达到庭院与住宅的和谐统一。

日式庭院

日式庭院深受禅学影响，在庭院设计中善于将人工和自然美巧妙结合，其主要特点在于简练而精细。日式庭院设计精美，用料精细，可谓是名副其实的艺术作品。日式庭院的整体风格宁静、简朴，其设计理念就在于克制、秩序、和谐和雅致，因此常常使空间里的人内心平和，清净舒适。日式庭院在展现自然美的方面与中式庭院相似，都是在有限的空间里最大化地表现景观环境，不同的是日式庭院则善用象征的手法，将顽石和砂砾比作自然环境中的山与水，从而更深一步地启发人们对微观世界的憧憬与遐想（图 23）。

欧式庭院

欧式庭院多受宗教影响，其设计一般多采用中轴对称的形式进行有规则的布局，以整齐的灌木和纪念喷泉作为庭院设计的标志，有时在主轴路的两旁还会设有象征性的雕塑与花坛，色彩简洁，形式大方。欧式庭院注重构筑物的设计，例如圆柱、雕像、凉亭、方尖塔等，这些都是欧式庭院景观中经常出现的元素，此类庭院以法国与意大利最为显著。除此之外，英国的庭院风格则多运用借景的手法来营造自然式绿化景观，相对法式庭院和意式庭院而言更加注重花卉植物的配置方式与设计形式。

现代庭院

受现代极简主义的影响，现代庭院景观更加注重简约之美，此种风格的庭院多用来搭配现代建筑。现代庭院构图灵活简单，多以几何形态构成，美观大方的同时又不失实用性。在设计方法上，现代庭院多以解构、重构、变形等现代手段为主；在材料选用上，多以天然石材、木板、混凝土、钢材等现代材料为主，使现代庭院更具工业感、时尚感和超前感。

三、设计思维的产生

3.1 初识设计思维

思维是人脑对生活中客观存在事物的一种反映与感知，是人类综合能力水平高低的重要衡量标准。人的思维主要由感性思维、抽象思维、发散性思维三个部分组成。当人们面对某个事物时，产生的感知越多，他们的思维模式就越丰富，最终离其预想的目标也就越近。设计是一种有目的的行为活动，人们将生活的点滴通过某些独特的思维转换演变成对大众有利的事物，这些独特的思维集聚了设计师的创意与用心，将其

图 23　日本枯山水景观设计

运用于景观艺术设计中，能够产生诸多意想不到的效果。设计来源于生活，因此设计思维也离不开人们对生活的关注与探索。设计既能改变生活行为，又能提高生活品质，在设计的过程中，设计师应当从生活行为与生活习惯入手，为设计提供相应的目标和依据，重视设计思维的目的，关注人们生活的需求，从而使我们的生活变得更加美好。

众所周知，思维是人类环境行为的主动力，生活中的任何行为活动都离不开大脑思维的指引。在设计过程中，设计师利用自己脑海中所积累的信息与经验，通过科学地加工和重组，引发出设计思维的再生与发展，最终产生一个全新的设计概念与思路。思维是设计的核心部分，也是整个设计过程的切入点，一个优秀的设计思维不仅可以优化人们的行为意识，还能够使设计作品变得更加有趣与有效。

设计思维是一种人眼所不可见的脑力劳动过程，它的展现需依附于造物的表象特征，这种展现过程将设计思维的逻辑与特点表达得淋漓尽致。普通情况下的设计思维理性且形象，具有较强的逻辑感，与缥缈的感性思维有所不同，设计思维是属于某种建立在理性认知基础之上的感性认知，它的形成是根据现实生活中的各种现实资料推断而来，设计师只需将这些推理过后的观点进行主观的有机结合，从而设计出一个较为成功

的作品。由此可见，设计思维是科学思维与主观思维的有机体，设计思维的过程也是科学思维与主观思维共同作用的结果，这种复合式的行为方法与设计的本质概念不谋而合。

3.2 设计思维的核心是什么

随着个性化时代的到来，设计的发展趋势也逐步向独特化与创新化的设计作品迈进，此时能够同时拥有创造、创新与创意的思维将成为当下设计思维的重要核心部分。从某种意义上来说，这种创造性的设计思维属于一种特殊的思维方式，是反映客观事物潜在能力的思维活动，且具有一定的预见性与独创性。创造性思维是一种主动的思维活动，相对于普通思维而言，它更加灵活多变，具有较强的目的性与特殊性。在创造性思维的形成过程中，如何选择、如何突破以及如何重组是实现创造性思维的主要因素，综合运用这些影响因素对设计的最终结果影响深远。除此之外，想要熟练掌握创造性思维的核心和实质，关键点就在于设计师是否拥打破常规的主观意识。当设计师面对大量的设计素材、设计意向及设计思路时，需谨慎思考并选择出最具突破性的方向，然后通过合理地利用与创新，把设计思路由概念变为方案，从而达到预期的目的和实现预期的想法。

创造性思维是一个复杂的内部活动过程。在设计过程中，设计师的工作状态主要由现场调研、查阅资料、研讨方案、勾画草图等外部工作状态和拥有设计思维的内部工作状态两部分组成。其中内部工作状态作为设计的根本与动力，在设计过程中应时刻与设计行为、设计内涵、设计结果紧密相连，结合环境、背景、文化、历史、精神等多重因素，创造出更加独特和完美的设计作品或设计艺术。

探索创新性设计思维的关键在于是否深刻理解创新思维的本质。本质作为事物的内在根源，极具多层性与复杂性。从功能的角度出发，创新性设计思维的本质在于产出前所未有的新成果。这种成果是思维的认知成果，而非行动过后的实践成果，认知成果可以改变实践成果，但实践成果不一定是由全新的认知成果导致的。在创新方面，这种思维不仅可以针对旧的状况或问题产生新的方向与思路，而且还可以通过对实物的分析与探索创造出新的设计成果，极大程度地提高了人们的生活质量以及社会的综合水平。从结构的角度出发，创新性设计思维的本质在于能够创造出更加完善的思维过程体系，从根本上促进设计的创新。结构决定功能，结构改变结果。思维的结构是在人们的探索、研究、实践中逐步形成的，人们将获得的资料、经验、观念等思维资源进行有机整合，而这一系列过程构架就是思维的结构。它具有一定的复杂性与固定性，联系实际情况进行适当调整，突破并超越了原有的结构，这便是设计思维创新的一次历史性飞跃。从哲学的角度出发，创新性设计思维的本质在于思维运动过程的矛盾与统一。思维的创新是一种非逻辑思维和逻辑思维的辩证统一，是发散思维与收敛思维的互补，是潜意识和显意识的结合。每一种创新思维都不是凭空产生的，非逻辑思维是建立在逻辑思维的基础之上再创造而成的，发散思维是在收敛思维的控制下得以平衡而来，潜意识的形成也是在显意识的存在下慢慢优化形成。创新基于模仿，更高于模仿，只有在两者或多者不断作用、进步的情况下才能诞生出更加出彩的设计思维和设计作品。

3.3 创造性设计思维有哪些

在全球多元一体的格局影响下，多样化发展逐步成为景观设计的重要发展趋势，思维决定设计，因此多样化的发展趋势也将成为创新思维的必然结果。理想的创新性设计思维是一种综合了多重思维类型的内在运动，设计者应善于结合生活常识、设计经验、受众需求和借鉴其他方案，通过创新思维将其变换成一系列全新的构想，从而达到创新设计的最佳效果。通常情况下，不同的思维类型能够促进不同的设计效果，创新性设计思维在多样化设计的影响下大致可拓展为发散思维与收敛思维、形象思维与抽象思维、逻辑思维与水平思维、直觉思维与理性思维、逆向思维与正常思维五大类。

发散思维是指对于某一个观点或认知展开的多方位思维活动，它与传统保守的内敛思维相反，发散思维是一种开放多元的思维方式，与散射性思维雷同，都是由一变多的过程，它将大脑的反映通过联想散发出许多特别的创意小点，然后将其融合与归纳，产生出独特新颖的创新思维，极具丰富性与多变性。

形象思维，顾名思义，是指将生活中的实体通过感性或联想的方法进行的一种形象化思维转换。在设计过程中，设计师经常会借助一些生活中具体有形的物体，例如房屋、汽车、灯具、餐具等，然后结合设计目的对其灌入相应的文化、背景、情感及联想，使其在拥有具象参考的前提下产生一套新的概念。它与抽象思维不同，形象思维更注重表面形态和感性意向的结合。这种思维方式在设计艺术的创新中出现率极高。

逻辑思维又称垂直思维，是一种按照自上而下垂直方向的轨迹进行的思维活动，即一种延续因果关系的、严谨的且固定的思维模式，它与强调事物本身不同方向的水平思维模式恰恰相反。

直觉思维是受主观意识与情感意识引导的一种思维模式，它与以证据和推理为引导依据的理性思维相反。直觉思维更加注重个人的灵感和预测，表现的想法更加概念化与理想化，但最终是否成立则不作为设计师的考虑范畴，它所展现的是大胆的想法以及精神的向往，常被运用于概念设计和方案探索中。

逆向思维是指一种反正常的思维模式，颠倒思维的因果关系和逻辑顺序，从对立甚至叛逆的角度重新审视概念，从而达到某种全然不同的效果。这种思维方式看似违背常规，但实则是对自然法则及事物规律的一种尊重与升华，它蕴含了超常的智慧，是创新思维的最高境界。

不同类型的创新思维不仅可以拓展设计的切入点，而且还可以促进设计的全面发展。发散思维突破了单一的设计格局，赋予了设计思维更多的方向，为设计方案提供了更多的选择；形象思维打破了抽象与具象的界限，巧妙地将实物与情感相互融合，使设计的创意更加深远；逆向思维的出现不仅颠覆了以往的常规思维，而且还激发了人们内心的超级想象力，从一个荒谬的角度重新给予了设计存在的意义……在创新性设计思维中，有放就有收，有过就有度，因此与之相对的收敛思维、理性思维、正常思维等设计思维也都是必不可少的，这些思维的不同作用往往就是决定一件设计作品最终成功与否的关键之处。

3.4 创新性设计思维的方法

创新性设计思维是一种集独立性、连动性、多向性、跨越性及综合性五种特性于一体的脑力劳动，是人类本身促进社会进步的原动力。对于设计师而言，很多创新性思维想法来自生活的体验、过往的研究成果以及与生俱来的超级想象力。由于创造性思维的复杂性，一些有经验的设计师时常会选择一个舒适、放松、安静的工作空间，试图去做一些功能上或者形状上的改变与突破。当思维无法创新时，他们有时会放弃现状、从头再来；有时会试图幻想一些不可能或者超出常理的事情，打破现阶段的僵局；有时会暂停一切工作，去一个风景宜人的地方等待灵感的来临……有时设计师自身都不清楚具体哪种情况可以更好地获取创新性思维。我们通过不断地分析与探索，大致总结出以下这些创新性设计思维的具体方法。

3.4.1 功能创新法——传统的正向设计法

何为功能创新法？是指设计师根据设计本身及使用者要求，将原有的使用功能进行不同深度的进化与改造，从而开发出一个全新的功能与设计。功能是设计的根本要素，也是设计的第一要素，从某种意义上来说，这种设计方法属于传统创新法，又称正向设计法。功能创新法的目的就是开发新功能与新设计，想要达到这种目的不仅要求设计师需具有不断探索的挖掘能力，而且还要拥有无限的想象力。有一个瑞士的狩猎者，他每天的工作就是去山上捕捉各种猎物。每次狩猎结束后，他都会发现他的猎犬身上粘了很多带着坚硬倒刺且粘性极强的山牛蒡果，后来，这位猎人开始思索怎样利用这种特性设计一个不一样的东西。通过借助实物的原理，经反复研究过后，该猎人终于创造出了一种能够自由分离与粘贴的尼龙"魔带"并享誉全球。生活中还有许多设计师将众多性能、材质、外形、构造完全不同的事物进行同一功能目标的设计再造，经过严谨地对比与筛选，最终挑选出性能最佳、效率最高、成本最低、最符合消费者需求的设计作品。以公共汽车站为例，原有的公共汽车站只是一个提供人们等候汽车的集中点，随着科技的发展，智能化技术逐步与公共汽车站有机结合，产生出定位公交车位置、搜索更新路线以及查看附近景点等多样化功能，从而更进一步促进城市生活的丰富多彩。

3.4.2 群智集中法——发挥集体智慧的头脑风暴法

何为群智集中法？是指在召集众人的前提下发挥大众智慧且筛选出最佳结果的一种设计思维方法。这种方法起初是由一个美国人提出来的，当时他称其为头脑风暴法，而后经学者发扬，影响至世界各国。从执行程度而言，群智集中法最为简易，利用人性的好奇心理及表现自我的积极心态，只需事先将具体的创新条件与创新目的告知身边的每个人，并不约束大众的想法与方向，在目的不变的情况下极大地发挥人多力量大的特质。经过一定的准备后，每个人根据自身所处的不同领域和不同教育，各抒己见，表达出自己的观点，从而获得不同的新概念、新方法、新思路及新设想，在最短的时间内达到发散思维的成果最大化。而后号召者只需将这些新鲜出炉的资料进行适当的整理、分析、总结与出新，由粗至细，进而探索出一个全新的设计思路与实施方案。

这种方法的讨论原则大致可分为以下五种。第一，讨论的过程必须随心所欲，不受任何拘束，让大众在一个放松的环境中畅所欲言。第二，无论发言者表达出怎样的观点，都不得批评，以确保整个交流环境氛围轻松自由，更易促进想法的萌生。第三，不提倡少数服从多数原则，每一种观点都有可能是创新的切入点。第四，不要过早下结论，凡事需慢慢思考、分析与探索。第五，也是最重要的一点，需严格总结各种设想并注重下次再议。至今为止，这种方法已广泛运用于国内外各种设计创造，并取得了较大成功。

3.4.3 变形重组法——重生的有效方法

何为变形重组法？是指通过联想与想象将现有实体进行适当的拆分、重构与变形，结合功能目标再生出新的设计方案。在创新的过程中，联想与想象起着至关重要的作用，它们是点燃灵感的火花，是孕育创新设计的摇篮。知识是无限的，但每个人所能掌握的知识却是有限的。对于设计师而言，所有有限的知识就如同一棵棵小树，能否营造出新颖的绿化氛围，关键在于创造。在创造的方法中，将实物的形体进行合理的拆分、重组无疑是一个不错的办法。利用解构与重构的设计原理，把看似无用的分支重组成方便可用的新设计。以车轮茶几设计为例，设计师将收集到的废旧自行车轮胎构架进行回收与拆分，根据茶几的功能与特性在搭配现代玻璃材料的同时进行重装与重组，从而使废旧自行车车轮得到重生，既拥有了新功能，又增添了新价值。除此之外，根据物体的功能、造型、属性等要素进行夸张的变形也是一种有效的创新方法。以钢桌设计为例，该设计的灵感来源于普通的纸张，设计师突破了传统的概念，利用钢材坚硬的质地及善变的特性，结合木纹的表面效果，将钢板进行夸张的变形与改造，既稳定又新颖，这个钢桌还曾隆重地展出于美国纽约，得到了大众的一致赞许。

3.4.4 逆向思维法——超出常理的思维方法

何为逆向思维法？是指一种不遵循常规、反向求异的创新思维方法。它往往能够促使人们的思维突破传统束缚，从一个全新的视野出发，在超出常理的情况下挖掘一片新的天地。在设计创新的过程中，人们时常会受到固有思维的羁绊，当思路不通时一味地顺向思考只会事倍功半。与其死守“人动路不动”的原则，倒不如试着去探索“路动人不动”的方法，运用逆向思维换个切入点重新构思，说不定会得到意想不到的收获。以地面传送带设计为例，该设计经常出现于机场登机通道等交通要道，目的是加快人们的步行速度，以免耽误要事。如遇到紧急情况时，人们的脚步速度有限，怎样才能加快步伐以免迟到呢？于是设计师运用逆向思维，在交通工具无法使用的情况下，利用传送带的原理，在地面上设计了快速前行的地面传动带，在不改变人们步行速度的同时提高了前进的效率，为大众带来了福利。逆向思维法除了利用原理进行，在设计性能上或行为方向上也都可以进行。逆向思维法在现实生活中具有强烈的奇特感与新鲜感，常常被视为创新性设计思维的最佳方法。

3.4.5 挖掘内在法——同中求异的创新方法

何为挖掘内在法？是指通过对设计实体本身的文化、历史、精神、内涵等内在元素进行分析、归纳所得来的彰显特色个性的一种设计方法。从历史文化的角度出发，历史与文化作为审视所有事物内在价值的重要衡量标准，未来的设计发展趋势将是艺术、文化、科学的融合体。随着科学技术的普遍发展，设计的历史文化内涵显得尤其珍贵。设计师在设计时需及时收集整理相关背景资料，经过专业的提炼与再造，将具有历史文化内涵的元素与设计相结合，通过对传统文化的传承与再创，产生出具有内在价值的独特创意设计。精神意念是暗藏于人们内心深处的心理活动，包括反思、向往、崇拜、设想、欲望等。意识影响行为，精神意念是人们受客观现实影响后产生的所有行为活动的内在驱动力，既可以活跃思维、丰富大脑，又可以激发大脑，驱动意识。如果可以妥善利用这些意念，迸发出各种发人深省的思路与想法，将直接提升设计方案的等级与价值。除此之外，挖掘内在法还应抓住物体形态的隐喻象征特色，中国是一个文化古国，自古人们就通过图形传达信息，每一个图案与图形都有其特殊的意义，如宝瓶象征平安、蝙蝠隐喻多福等。因此，当设计师对历史文化、精神内涵元素进行提炼的时候，应与隐喻象征手法巧妙结合，从而更加形象地展现设计特色，在不走弯路的前提下创造出同中求异的优秀设计作品。

综上所述，创造性思维是每一个设计师进行设计创作的根本前提与内在灵魂，这种思维能够有效地激发设计潜能，使设计师创造出优秀的设计作品。在景观设计中，由于时间、条件等现实因素的限制，很少有机会让设计师进行反复地尝试和推敲，因此就设计师自身而言，不但要有扎实稳健的专业功底，还需灵活掌握设计思维的核心与方法。

四、景观方案的形成与创新

4.1 景观方案的形成

就现代景观设计而言，具有实际意义的社会性能以及具有精神意义的艺术性能同样重要。一个优秀的景观设计需同时拥有符合人们行为习惯的人性化设计、展现环境特色的个性化设计、体现生态文明的绿色化设计、结合现代科技的智能化设计以及满足甲方造价需求的经济化设计。而就景观设计方案形成阶段来说，如何巧妙地将功能与形式合理统一、理性与感性完美结合才是当代景观设计师最先考虑的问题。

景观方案形成阶段是设计师对设计场地进行深入了解与分析过后的深入阶段，该阶段主要包括概念的提炼、形式的表达以及空间的营造等（见第五章）。

4.1.1 概念的提炼

在传统理念中，概念的存在形式有抽象的哲学概念和特定的功能概念两种。

何为哲学概念？在景观方案的形成阶段，常有人会对设计场地进行各种特殊化的分析与理解，他们在确定场地位置的同时，针对这些专属的位置进行各式各样的高度评价，赋予其超出美学价值与实用价值的精神价值。因此每当设计方案时，此类设计师都会先去找寻这块场地的“真正意义”，进而确定其真正的设计方向。哲学概念是一种将理想、信仰、文化、情感与价值观念紧密相联的精神概念，设计师自身情感投入程度是其发展的关键所在。由于此类概念多由主观意识主宰，单纯地追求内心所想与精神所望，过度的理想化与形式化反倒阻碍了其在现实生活中的发展，面对这样的弊端，特定的功能概念顺势而来。

何为功能概念？是指针对设计本身或设计背景引发出特定的问题与需求，并将这些功能目的合理地融入概念，从而产生具有实际意义的概念表达，如：减少空气污染、防范水土流失、降低维护费用、促进绿色发展等。这些概念都拥有解决实际问题的本领，可能最初并没有什么具体的实施方案，但方向决定路程，方向影响结果，这与之前的哲学概念恰巧形成了互补的关系。

在概念提炼阶段，示意图是一种很好的表现方式。它既可抽象，又可具象。它可以是行云流水的线条，也可以是几个图形或符号。无论如何，它们都是设计师根据灵感或想法迸发出的快速表达形式，与之后的分析、搭配、重组、使用等工作流程密不可分，对概念的提取意义重大。

4.1.2 形式的表达

继概念提炼之后，如何将其生动有效地表达出来才是接下来考虑的主题。下面从几种常见的形式入手，简单而又概括地阐述景观设计方案的形成过程。

4.1.2.1 几何图形的演变

几何图形作为既简洁又大方的基本图形，如正方形、三角形、六边形、同心圆等，将其与场地的特征有机结合，可以生成多种变化莫测的构图布局，极有挑战性，在方案布局中备受设计师的关注与青睐。就场地大小而言，几何构图法既适合于庭园空间、街头绿地般的中小型场地，同时也可通过围合、划分空间等处理方式使其适合于类似广场空间般的大型场地。对于形式表达而言，重复组合是一种既好用又有效的组织方法，如同七巧板的拼接一样，由一种或多种几何图形组成，在不同的拼法下就会产生出不同的形状。如果我们将这些图形进行适当的复制或排列，就会得出更加有序且有趣的整体形式。最终再通过调整大小和位置，轻松地将这些基本图形演变成各种丰富有趣的设计形式（图 24、图 25）。

此外，几何形式的布局在方案形成过程中还应注意以下几点。第一，设计时应时刻注意场地现有条件，并与其平面形态、竖向要素进行合理搭配；第二，设计时应抓住几何图形的方向性及其潜在含义，使方案设计更具目的性和深入性；第三，设计时不要过于追求形式，而忽视了其功能的存在，应时刻考虑各种尺度安全问题；第四，设计时图形要素的类型无须太多，宜以一种

图 24　BOOK-018 城市广场景观设计

图 25　某医疗花园景观设计

为主，遵循主次分明、简洁有序的原则，避免杂乱与零乱；第五，设计时应注意不同形体之间的穿插关系，通过大小、方向的不同调整使其形状发生改变，然后采用重复、近似、渗透、正负等处理手法增强图形的整体感和艺术感。

4.1.2.2 自然形态的再生

随着全球生态化设计趋势的飞速发展，众多设计师崇尚追寻大自然的身影，将硬性景观和自然景观紧密相连，根据设计方法及场地原有条件来权衡形与形之间的主次关系（图 26、图 27）。以下是三种生活中经常出现的利用自然形态进行设计的方法。

第一种方法是全生态设计。该方法的前提是要求原场地本身就具有一定的生态性，然后在干预程度最少的情况下跟随原有地形趋势进行适度地改造与设计。全生态设计不仅能够使人们重新认识自然、亲近自然，而且还能提高环境质量，促进生态发展，充分展示设计同自然和谐共处的美好景象。

图 26　自然形态景观设计

图 27　2014 青岛世界园艺博览会

第二种方法是半生态设计，就是在半生态环境的基础上进行人为的自然化创造。例如，面对城市中一块将要枯竭的半死不活的自然环境，设计师该如何将其绿色继续保留？是建立水循环系统？是设立能够使植物保持正常生长的灌溉系统？还是设计出防止土壤被侵蚀的水管和排水沟？他们通过对原有环境进行中等干预程度的设计与改造，从而挽留住这边自然环境的一丝绿色。

第三种方法是在没有太多生态环境背景下进行过多干预的人造环境设计，该方法成本较高，主要通过模仿、借鉴等手段，将自然景观中的形式与规律人为化地搬运到实际景观方案设计中，从而使方案中的形状样式及布置方式都与自然环境系统相似，达到一定程度上的自然化与生态化。

4.1.2.3 借鉴原型

在景观方案的形成中，借鉴原型是一种提高效率的设计方法。借鉴原型不等于生搬硬套，而是将现有的案例或者成品进行适当的借鉴与因地制宜的调整，从而使作品得到事半功倍的效果。

4.1.2.4 意象拼贴

意象拼贴从某种意义上是指设计者结合想象中或者回忆里的美好场景进行概念化的收集与提取，然后将提炼后的成果与设计场地的局部或某个方面进行假设性拼贴，犹如儿童拼贴画般，是局部的，是片段的，是表象的。最终完善的设计还需结合实际场地及实际情况进行更加合理的分析与判断。

对于方案设计而言，头脑中积累的所有美好意象都是非常有利的素材，尤其是在时间有限、气氛紧张的情况下，并非每个人都能内灵机一动、妙笔生花，更多的是根据自身较熟悉的或是成景效果较好的场地进行参考与转换，从而使设计方案在有限的时间内变得更加合理出彩。

4.1.2.5 超越常规的发展

超越常规的发展在很多时候或多或少的都受逆向思维影响，常见的形式有以下四种。第一，相反的形式，是指将几个不同形式的形体有趣地放在同一个空间中，故意使空间产生紧张感和不和谐感。第二，不相容的形式，多指将许多看似不相容的形式进行叠加，把一种物体放置到另一种与之毫无联系的物体上，从而使其产生各种对立的状态。第三，解构的形式，是指把物体或空间设计成一种遭破坏、腐烂或不完全的状态，既特别又瞩目。第四，锐角的形式，是指在某些特定的条件下，通过设计师的精心设计与安排，利用位置和角度的变化，将许多锐角元素与环境巧妙地融为一体，既危险又安全（图 28）。

4.2 景观方案的再度创新

在传统的景观方案设计中，设计师通常会利用概念里的流线来组织和控制景观节点和景观分

图 28　超常规空间

布，将一些重要的景观放置于视线的终点处和轴线的端点处，有必要时还会通过借景、错位、框景、衬托等手法将空间里的景物借到视线中，利用空间来强化视觉感受，从而增强景观空间的层次感与丰富感。当设计出现不协调因素时，设计师通过色调、形式等设计元素的调整来保持场景应有的平衡与和谐；当设计中存在实际缺陷时，利用景观实施障眼，以避免一些美感上的缺陷与不足。随着时代的进步，设计景观方案的思路与方法也在不断地创新，设计师开始从设计的使用率、品质、技术、境界等方向入手来实现景观方案设计的再度创新。

4.2.1 功能需求：提升方案的使用率

设计源于生活且高于生活，国际平面设计大师原研哉曾说过：“设计的意义在于发现一个很多人都遇到的问题，然后试着去解决。”平面设计的意义如此，景观设计的意义亦如此。在日常生活中，人们经常会遇到许多隐形的不便，如逛一个占地面积很大的公园，由于游人过多而找不到可以休息的地方或位置。面对此种情况，大多数人都只能选择忍着酸疼继续往前走，虽然影响不大，但对人们的心理和生理都会造成或多或少的影响。由此可见，生活中的小问题或者小缺陷往往就是创新设计的来源。优秀的设计师，要善于挖掘休闲、娱乐、出行等日常生活中存在问题及潜在需求，并对其提出相应的解决方案与改进办法，最终在局部再造的基础上提升方案设计的实际使用率。

4.2.2 外观形式：优化方案的品质

景观方案设计的创新，既要满足现代社会的审美需求，又要促进当代人群的交流互动。随着程式化现象的普遍扩散，景观设计逐步呈现出外形单一、缺乏质感的局限，无法使人关注与喜爱。面对这种情况，赋予景观设计适当的趣味性及交互性将是当下的重要任务。在设计思路上，设计师可从外形、质感、颜色、光感等方面入手，显明易懂。趣味性设计能够使人快乐，交互性设计能够让人欢笑，这些设计方式不仅提高了设计的创新程度，在心理层面以及精神层面上也极大地满足了人们的需求，为丰富多彩的社会生活作出了巨大的贡献。

4.2.3 先进技术：体现方案的与时俱进

除功能改造与外观改造，景观方案设计的再度创新还可以从提高原有材料的工艺水平以及提升原有技术水平两个方面入手。

在全球提倡与时俱进的节奏下，现代景观方案设计的创新应该在传统景观设计模式的基础上进行契合时代的突破与超越，既要尊重传统，又不能拘泥于过去，要学会用发展的眼光看待设计的当下与未来，利用与时俱进的思维方法去更新设计理念与设计方法。其中，与时俱进的含义是指要有针对性地选择适合自身发展的设计理念及方法，而并非要求在原有设计的基础上进行的一种先进技术或先进材料再创造的活动。

4.2.4 意象意境：升华方案的境界

景观设计方案理念的创新关键点仍在于如何将文化的传承、精神的向往、心灵的皈依等内在活动淋漓尽致地融入景观设计中，并通过空间的营造以及场景的渲染，使其在具有“灵魂”的前提下拥有专属的个性特色与意象意境。

随着城市的高速发展，城市景观设计早已成为现代城市空间中一块不可缺少的部分。内涵作为城市设计的内在驱动力，在很多情况下都能不知不觉地影响人们的心情与行为，使他们的情感与精神能得到一定程度的释放。这种创新手法不仅可以升华景观设计空间的层次，还能够培养人类素质，提高城市地位，使我们的生活环境变得更具气韵。

五、空间意境的塑造

5.1 关于空间

空间的创造一直以来都是景观设计的根本，是设计师们关注的要点。关于空间的理解，至今仍没有一个固定的诠释，被引用最多的当属老子《道德经》中的一句话："凿户牖以为室，当其无，有室之用，故有之以为利，无之以为用。"这句话在当下时常被设计师们用来形容空间的含义和功能。容纳是空间的基本属性，当一间屋子有了供人们使用的功能，那么空间的意义也就随之浮现。

5.1.1 空间是一种特殊形态

空间，集抽象与具象于一体，既属于哲学的范畴，又包含于美学的领域。每个空间都有其存在的特殊形态，无论是形状、大小，还是材质、色彩，每点构成要素都将影响空间的效果与功能。由此可见，空间的形态十分多变，其特性时而动态、时而静态、时而向内、时而向外、时而处于真空状态、时而使人产生抗拒感，其丰富性则可从大到小、从轻盈到凝重、从动态到静态、从简单到复杂、从粗犷到精致，它们可以永无止境地产生任何变化，因此抓住最合适的效果才是空间创新的关键。在景观设计中，设计师们既要考虑空间本身的质量与形态，又要注意整体环境中诸多空间之间的搭配与衔接。

5.1.2 空间分类的参照标准层出不穷

对于空间而言，一般可分为外部空间和内部空间两大部分。景观空间是一个综合平、立面处理的艺术概念，属于空间里的外部空间，主要由植物、地形、建筑物、山石、水体、小品、道路铺装等景观要素构成。除此之外，景观空间也可分为自然空间和目的空间两大部分。其中，目的空间主要与人们的意图相关，既可以有内在秩序（如围合空间、封闭空间等），又可以有外在秩序（如开敞空间、半开敞空间等）。

空间在景观设计中有着决定性作用。关于景观设计空间的分类，其参照标准层出不穷，一般比较常见的当属以下三类，它们为景观设计的空间艺术打下了坚实的铺垫。

5.1.2.1 根据人们在户外的不同活动性质来分

根据人们在户外的不同活动性质来分，可将景观空间分成休闲空间和功能空间两大空间类型。休闲空间主要包括公园、居住区广场、步行街、娱乐场所等，功能空间则主要包括高速公路、交通广场、纪念性广场等。然而大部分景观空间都是这两种类型在相互穿插或不同整合的情况下创造出的成果。

5.1.2.2 根据空间的态势来分

根据空间的态势来分，可将景观空间分成动态空间和静态空间两种空间类型。动态空间缺乏安稳，缥缈不定，所以时常给人一种流动、自由的感觉，而静态空间相对于动态空间而言，比较容易在空间中形成视线的焦点，容易带给人们心情平静的感受，动静空间的合理搭配在景观设计中常常起到一种虚实结合、丰富气氛的作用。

5.1.2.3 根据社会群组关系以及空间领域占有程度来分

根据人们在社会中的群组关系以及人们对空间领域的占有程度来分，大致可将景观空间分成公共性空间、半公共性空间、半私密性空间和私密性空间四大空间类型。这四种类型从前往后逐一过渡，人们对空间领域的占有感也将逐级加大。

首先是公共性空间，所谓公共性空间一般常指空间范围较广、领域占有感最弱的大型空间，能够供人们轻易出入且相互间距离较远。该空间面积大、服务设施较为完善，如售货点、家具广场、交通站点等。此外，公共性空间作为以上四种空间类型中开放程度最大、个体领域感最弱的空间，常常能够给人一种空透、敞开、明媚开朗的感觉。因此公共性空间又被人们视作城市的客厅，例如城市广场、商业步行街、综合型社区中心以及开放型公园或绿地等（图 29）。

其次是半公共性空间，所谓的半公共性空间是属于公共公空间与秘密空间之间的中介体，它是景观设计里的一种过渡空间。对于使用者而言，半公共性空间给人们带去的领地认同感要略高于公共性空间，与此同时它的开放程度以及占地面积相对于公共空间而言有所减缩。半公共性空间常给人一种较为安全、可靠的感觉，例如社区的入口，居住区的中心绿地和道路以及住宅群落之间诸如烧烤区、网球场、溜冰场等活动场地（图 30）。

再次是半私密性空间，所谓半私密性空间则是相对于半开放性空间而言的，在空间领域占有感上更具安全性和可靠性的空间类型（图 31）。这类空间的尺度感相对较小，但围合感却相对较强，空间里的人物活动具备一定的本能主动性以及支配他人的能力，如邻里或朋友间的亲切交谈、路人互相打招呼问候、短暂的停留观望等活动。通常存在的场合有公园的长廊、安静的小亭、开放的门前花园以及宅间的道路等。

最后是私密性空间，所谓私密性空间是较以上三种空间类型下个体领域感最强、开放性最弱的一种空间类型。其占地面积相对最小，闭合感却极其强大，常给人一种放心、聚气、封闭、压迫的感觉，特殊情况下还是专供特定人群使用的外部环境空间，如恋人之间的约会秘密基地、抑郁症患者的户外休闲室、家庭之间的内部聚会场所等。此类空间常出现于住宅的前庭后院、公园的幽深亭阁、密林中的小块空地等。

以上四种空间类型在外环境空间中常常是共同存在且相互穿插的，平日里不妨多留意下周围的环境绿地，不难发现人们对这四种空间类型的归属感和依托感各不相同。

图 29　悉尼高线公园景观空间设计

图 30　悉尼高线公园景观节点空间设计

图 31　半私密空间景观设计

5.1.3 尺度体验与心理效应

众所周知，人们对空间的心理感受与空间的尺度体验关系密切，空间形态的夸张化收缩在一定程度上极大地影响着人们的情感和行为。

首先，空间的感知与空间自身的尺度大小有关。空间的尺度大小取决于空间的功能需求、视觉需求、艺术需求以及心理需求。尺度既是空间的一种属性，又是空间的范围要素，它不局限于某种特定的数字表示，有时它甚至指代的是某种视觉上或精神上的感知。大尺度的空间震撼力较强，气势蔚为壮观，人类站在其中时常会产生一种蓦然的敬畏感，瞬间显得场地很空旷，环境很恢宏。这种空间多见于象征权利与财富的纪念型广场或集会型景观中，如北京的天安门广场、法国巴黎的卢浮宫广场等。而小尺度的空间亲切感和安全感较强，多见于相对密集且适合人类交谈、休憩、娱乐的小型公园、庭院、园林或者小区花园等，使人轻松自在。但是空间的大小尺度也应受到“度”的控制，过于宽大的空间会让人感觉自卑和孤独，而过于狭小的空间则会导致憋闷与窒息。

其次，空间尺度的感知还与周边实体的大小比例有关。比例作为调控整体空间效果的重要因素，其搭配的合理协调程度将直接影响空间的质量，它一直都是设计师们在设计过程中所关注的基本问题。假设在一块广阔的空地上有一栋建筑物，当人眼与建筑物之间的距离等于建筑物的高度时，人不仅能看清建筑物本身，而且还会从内心深处产生一定的安全感和封闭感，从而使广场内部空间具有较强的内聚性和防卫性；当人眼与建筑物之间的距离高出建筑物高度的十倍时，此时的建筑物将与背景融为一体，空间里的安全感和围合感早已消失殆尽，给人们带去的则更多的是崇高的敬畏感与平静的辽阔感。由此可见，建筑物的高度与人眼距建筑物的宽度之间形成的尺度关系对空间的视觉效果及人们的心理效应影响很大。

再次，空间尺度的感知还与物体本身的形状有关。被誉为“现代建筑旗手”的法国建筑大师勒·柯布西耶曾借助黄金分割原理研究出了一系列比例关系，而后还广泛应用于指导设计实践中。经实践研究证明，两个比例完全相同的物体，如果其整体或局部的形状不同，其效果也是千差万别的。假设一个人处于正方形、圆形、三角形、正八边形等规则型空间中，其空间形体明确，包围感和向心感较强，给人一种稳定、严肃之感，常被设计于空间序列的终点或节点处。而对于自由曲面、复杂几何形组合等不规则的空间，则使人放松、自由、具有较强的流动感和延伸感。

除此之外，景观空间尺度的感知还与人们的性格有关。很多情况下，空间的感受因人而异，不同的人有着不同的心理特点，他们对同一空间环境的感知都有可能会产生许多不同的感受。同样站在高耸的平台上，懦弱的人会觉得恐惧和害怕，而坚强的人则会感到平静和舒坦。

空间营造是景观设计的关键，国内外很多优秀的设计在空间尺度设计上都有着独到的见解。我们在进行景观设计时，应着重思考空间的设计，无论是空间氛围的营造，还是空间尺度的设计，都应营造出一种舒适的景观空间，从而给人们带来理想的空间体验。

5.1.4 从消极空间转向积极空间

空间的根本属性是容纳，简单地说，单一空间的形式就是容积空间、立体空间以及两者相合的混合空间。但是空间的设计绝不仅仅局限于此，针对空间里垂直方向和水平方向的形式变化，将其从原始的消极空间往先进的积极空间进行转化，塑造具有丰富性的空间才是设计师应当考虑的关键。

5.1.4.1 垂直方向的转化

垂直方向的构成要素是空间设计中最为显眼且最容易被控制的部分，它既是空间的分隔者，又是空间的背景和屏障，它在景观空间设计中具有重要作用。通常情况下，由垂直方向构成要素组合而成的空间可分成以下三种基本形式：围合、占领和占领扩张。

围合

围合是寻求私密性的典型代表，它自身并没有任何价值，只有跟特定的功能需求产生关系时才会变得有意义。有人曾说过："私密很快就会成为社会上最有价值的商品。"随着西方设计风格的过度涉入，现如今在大街小巷中开放性的公共场所越来越多，原有的以中国式园林为典型代表的具有众多私密空间的场所越来越少。围合作为空间限定中最典型的形式，应当再度积极地应用于景观设计的每个角落。围合的特点主要有以下四点：第一，能够使人产生安全感；第二，具有一定的占领性和私密性；第三，能够提供相对独立的户外活动场所；第四，具有较强的向心力，促进人与人之间的交往。

占领

实体占领构成空间是指由某一突出的建筑实体所凝聚而成的空间领域，该建筑实体在空间内部及周围都能形成一种强大的向心性和指示性，且具有扩散、外射的特点。对于单一突出的建筑、雕塑、纪念碑等突出物来说，此时的实体已经不再是几个实体围合空间的效果，而是变成了由空间围合着一个突出实体的效果，该实体将自然空间与人工空间完美融合，也就是这里所指的占领空间（图 32）。占领是空间限定中最为简单的存在形式。它主要依靠实体形态的力、能、势等来获得空间的占有，从而对其周围空间产生一定的聚合力（图 33）。这种强烈的聚合力便是"占领"的主要特征。

占领扩张

在某个空地上存在着多个占领性实体，这些

图 32　日本佐伯和平纪念公园

图 33　澳大利亚布里斯班内河码头南岸公园

图 34　葡萄牙里斯本 D. Pedro IV 广场景观设计

实体间相互作用后呈现出的一种向周围扩张的态势，它能够使人产生相应的错觉，使不相连的几个占领实体构成一个整体，然后再通过无形的边界进行界定（图 34），人们称这种特殊的空间处理方法为占领扩张。

从某种意义来说，占领扩张的空间形式就是前两种形式不同组合后的成果。围合、占领、占领扩张都是丰富空间的积极手段，运用得当会给人带来理想、舒适、温馨之感；反之，则会给人带来压抑、封闭、无助之感。

5.1.4.2 水平方向的转化

除了垂直方向的转化，水平方向的转化也是营造空间丰富性的重要组成部分。水平方向创造空间的基本方法主要有覆盖、肌理变化、抬高和下沉四种。

覆盖

覆盖在水平方向的空间设计中是一种十分具体而实用的转化方式，它既可以限定区域，又能够提炼功能，与“灰空间”类似，都是一种使人心理上间接产生空间的处理方法。如在公共活动空间中，局部的覆盖可以使公共空间更具功能性，使人在进入这种空间范围后能够产生领域感，从而获得心理上的空间满足。

肌理变化

肌理变化是指设计师利用实体间的不同肌理对空间进行部分限定的一种方法。加强基面的肌理变化不仅有利于活跃环境、渲染氛围，更有利于通过肌理的不同表现来限定空间、过渡空间和划定范围（图 35、图 36）。

抬高

抬高是一种常见的转化空间方法，抬高能够更加直观地限定空间范围，它的明确边界不仅可以划分空间，而且还能够再造空间，从而使人们在空间中享受到更多人性化的设计与服务。

图 35　西班牙阿塔拉亚公园景观设计

图 36　加拿大多伦多 hto 滨水公园景观设计

图 37　法国马术三项比赛场地景观设计

下沉

下沉与抬高虽然形式相反，但性质和作用却大同小异。

5.1.5 空间形态的营造

随着经济水平的不断提高，人们对景观空间设计的重视度也不断增强。景观空间作为一种特殊的空间形式，既要有景观特色的体现，又要有设计元素的呼应。从设计学的角度出发，景观空间还是一个须时常依赖并凭借人们的感觉器官所进行感知与体验的特殊场所。与西方景观设计相比，东方的景观设计对于空间的营造会更加地和谐与多变。无论是在内部结构上，还是在外表形式上，东方的景观设计多具有多空间、多视点、多变化的特点。结合景观艺术设计的一系列基本理念与规则，以人的行为感知为依据，对景观空间形态的基本要素进行分析。这些基本要素主要有以下四种：边界空间、内外空间、层次空间、序列空间。

5.1.5.1 边界空间的构成

景观空间从某种意义上来说属于外部环境空间，是一种由许多垂直方向的构成要素限定而成的复杂型空间形态。这些限定空间的要素常被学者称为边界，生活中我们常见的边界有植物、围墙、地形、灯光、材质、色彩等。边界作为人们第一眼识别空间的依据，它不仅可以构成空间、划分空间，还可以限定空间、设计空间。从视觉的角度出发，边界空间不仅仅是限定空间的边界，更是发展空间的边沿。当两个空间相互矛盾或格格不入时，边界空间可以起到穿插、整合的作用；当某个空间过于单调或空旷时，边界空间可以起到丰富空间的作用；当存在多个独立空间相互并存时，边界空间可以起到过渡、模糊的作用。由此可见，每个边界空间的功能和形式都会随着所属环境的不同而改变，从而促使其能够更加有力地组织和设计景观空间。

通透式边界空间

简单地说，通透式边界空间设计就是将相间的两个或多个空间通过半隔断、半围合的手法进行相互渗透的一种空间处理方法，此时的边界空间在承担分割空间的同时，巧妙地运用了借景的手法，使空间与空间之间永远保持着一种开放与半开放的状态。以大连政府大院的围墙改造设计为例，设计师借助现代符号的转化原理，将围墙的功能属性升华成了一种“无围墙”的概念，外面的城市空间可以直接渗透里面的景观空间，里面的景观空间也能直观外面的城市空间，两个空间相互依存与渗透，既丰富了空间，又从侧面隐喻出政府工作的公开化、平等化与透明化，从而更加有力地证明了边界空间设计的多变性与奇特性。

过渡式边界空间

过渡式边界空间在一定程度上属于第三空间，它能够在模糊原有空间边界的同时，增添空间的区域范围，集独立空间与共融空间于一体，是独立存在的小空间，又是融合周边空间的衔接体。这种空间形式如同一个资深的长者，既能鹤立鸡群，又能通过自身的魅力带动和帮助周围的一切，从而使整个大环境变得更加美好。这种边界空间的处理方法能够较好地提升空间的层次性与趣味性，它广泛应用于传统园林设计中，常常使人流连忘返。

引导式边界空间

通常情况下，引导式边界空间是指在一个空间或多个空间的限定边界里存在的各种具有引导性功能的空间形态，它的范围十分广泛，无论是垂直边界还是水平边界都有它的足迹。地形的高低起伏、灯光的照射范围、色彩的灵动分布、植物的疏密对比以及道路的粗细变化，这些都是引导式边界空间鲜明的存在依据，是空间里规范和引导人们行为的隐形标志。运用得当则可以在丰富空间的同时增强人们的安全意识，从而使我们的业余生活变得更加安心和舒适。

遮蔽式边界空间

除以上处理方法，景观边界空间还有遮蔽不良景观的作用，正所谓“俗者屏之，嘉者收之”，这种利用边界将景观设计中一些原有的不可避免的缺陷景观进行自然式地掩盖，在很大程度上拓展了边界空间的存在意义，提高了边界空间的艺术价值，从而使我们身边的绿化环境变得更加和谐。

5.1.5.2 内外空间的融合

内外空间是空间中两个不同的主体，即内向空间与外向空间。在设计学概念里，内向空间多指由墙面、地面、顶面等实体界面围合而成的空间，而外向空间则是指实体围合之外的空间，其中景观空间最为典型。随着设计观念的不断突破，外与内的概念逐渐变得模糊，甚至有人开始呼吁内外空间的互融性与流动性。从空间设计思维的角度出发，要想使内外空间合理融合，环境、心理、文化、习俗等要素至关重要，主要可通过空间的形式、功能、意境三个大方向展开分析。

内外形式融合

内外形式的融合是指在内向空间与外向空间中存在着相似形态的设计元素，例如墙体、门窗、休息座椅等。设计师将这些元素进行解构、重组、变形等方式的景观化改造，使其在形式上与内向空间达成一致，形成空间表象的内外融合，既丰富了空间的层次，又深化了审美的境界。

内外功能融合

内外功能的融合是指在内向空间与外向空间中存在着相似功能的设计元素。以休息亭中的休息桌椅为例，该元素在外向空间中具有休闲、摆放物品等功能，与内向空间中的休息桌椅功能类似，使人在景观空间中也能感受到家的温馨。除此之外，北京的颐和园长廊也是采用了内外空间并行的处理方法，使身在长廊中的人们既能内观万寿山独特的美景，又能外观昆明湖辽阔的水域。

内外意境融合

内外意境的融合是指在外向空间中，无论是外在形式，还是内在含义都拥有着相似意境的表达。从内涵的角度出发，结合历史、文化、习俗等内在元素，将外向空间设计成充满意境的文艺空间，更高层次地体现出中国几千年传统文化的魅力与意韵，从而达到场所环境与文化底蕴的内外统一。以中国传统庭院设计为例，秉承着“移步换景”的设计原则，将中心水池的周围环绕各种形式的道路、山石和植物，它们高低错落、虚实相间，无论人们从哪个视线观景，越过水面，都会形成一幅美轮美奂的风景画，再搭配上传统的亭、台、楼、阁元素，瞬间使内外空间的意境表达变得更加充分与自然。

5.1.5.3 层次空间的处理

所谓“层次空间”，是指存在于景观设计中的具有一定丰富性与复杂性的环境空间。从视觉审美的角度出发，层次空间属于景观空间的重要组成部分，能够积极地展现景观空间的形象性与亲和性，以良好的姿态增强城市的个性与魅力，从而提升人们在城市环境里的安全感和安定感。从人文关系的角度出发，层次空间不仅可以促进人与人的交流和交往，还能够为人们提供一个良好的社会空间，从而增强城市的向心力与凝聚力。

人对大自然的感知实际上是人类内心深处的主观反映，在营造景观层次空间时，整体形象的协调性与节点形象的创新性是整个营造过程的关键。节点是人们起步和停步的转折点或连接点，它既是提供休闲的场所，又是定位观景的平台。

在这里，每一个视角都是设计师精心策划的场景，设计目的则在于使人们无论站在哪个视点都能感受到不同层次的空间体验，从而对景观空间产生依恋之情。在空间处理上，景观设计师需考虑边界空间层次的多样化处理以及部分空间层次的个性化创新。边界空间是人们在行为活动中接触最为频繁的地方，丰富边界空间的层次感，吸引大众的视线和脚步，是设计师提升空间归宿感的有效处理方法。而个性化空间作为当今社会环境迎合人类精神需求所诞生的艺术化产物，它不仅可以增强空间的独特性与创新性，同时也能体现环境的融入感与自信感，是城市空间展现自我的天然大舞台。

除此之外，层次空间的处理还应顾全尺度感受及心理感受，健康、理想的层次空间才能使人们对空间产生相应的领域感、归属感和安全感。

5.1.5.4 序列空间的组织

景观空间的序列组织是一种依据原始环境和功能需求的对整体空间进行合理划分、重组的行为活动，空间与空间之间主次分明、抑扬顿挫、变化统一。序列空间主要反映的是两个甚至两个以上的局部空间相互排列和搭配的次第关系。从宏观的角度上看，序列空间与时间要素有着紧密的联系，它是一种在特定时间内通过路径、视线等特别渠道穿越不同区域所体验到的特殊空间。由此可见，一个优秀的景观序列空间组织可以直接控制和调整环境空间结构布局的整体性与协调性。

在景观设计领域中，序列空间的组织通常是在结合景观结构布局的前提下利用生活中各式限定方法进行的理想化设计。正常情况下，序列空间的组织主要体现在以下几种形式上。

首先是集中式空间结构（图 38）。该结构运用向心力原理将空间组织成一个凝聚力极强的稳定空间，将多个次要空间以众心捧月的方式围绕主体空间进行设计。该组织方法在设计时需注意主次分明，无论是在尺寸上，还是在体量上，主体空间都是最主要的部分，其他次要空间绕其左右，促使整个空间的向心力得到极大提升。

其次是线式空间结构（图 39）。该结构通常由多个完全相同、近似相同或完全不同的空间在延续同一路径的前提下进行任意重构而成。线式空间组织的特征在于“长”，它表达了一种方向

图 38　韩国釜山北港海滨公园景观设计

图 39　线式空间结构

性，具有运动、延伸、增长之感。在设计、组织这种空间时，设计师为了使延伸感得到较好控制，经常采用一个主导空间或者一个入口空间来作为线形终止的形象标志。

再次是组团式空间结构。该结构通常由多个重复空间组合而成，在多数情况下，这些重复空间在形状、朝向等方面都有所相似，且具有较强的紧凑感和规律感（图 40）。

最后是网格式空间结构。该结构是一种建立在网格图案操作底板之上的以规律性与延续性为原则的序列空间组合方式，它往往会通过一系列引导、过渡、铺垫、转折、起伏的方式达到序列表现的高潮，从而更进一步地展现序列空间的多向性与趣味性。

5.2 关于意境

意境是集聚中国传统文学与美学精髓的一种艺术创新手法，是具象世界中融合了情与景的一种高等艺术境界。所谓“诗歌求言外之意，音乐求弦外之音，绘画求象外之趣”，设计景观不仅是一种表象的创新，更是一种理念上的传承，假设我们今天去评判一件景观设计作品的优劣，关键点还在于该作品是否拥有专属自身的“言外之意、弦外之音与象外之趣”。由此可见，意境不仅是设计的灵魂，还是衡量作品水平高低的终极评判标准和最高追求。正如潘天寿所说：“艺术的美唯有境界最高，艺术水平的高低取决于意境。”

5.2.1 何为意境

意境，隶属中国古典美学的范畴，早在先秦时期就有“立象以尽意”之说。盛唐时期，著名诗人王昌龄也提出了“诗有三境”的观点，此时的“三境”指的便是“物境、情境、意境”，广被文人所用，而后此观点又被近代学者王国维所发展和完善，最终将其定为艺术与审美的三大境

图 40　美国 havenhurst 口袋公园景观设计

界。现如今，“意境”一词已广泛应用于绘画、雕塑以及设计领域中，并且被当代许多公认的学者视为衡量艺术作品价值高低的最终指标，极大提高了意境在人们心目中的形象和地位。

意境是艺术设计语言所向往的一种境界，这种境界由主观思想感情和客观景物环境交融而成，它可以渗透于人们的思想与感知，在达到知与景、景与情相互融合的同时走到设计艺术境界的最高层。在现代景观设计中，意境的形成既受空间、设计元素等外在因素影响，又被文化、习俗等内在因素所牵引。由此可见，意境是一种由主观因素和客观因素共同作用所提炼的最高境界。

意境有两大特性：优美性和崇高性。意境的优美性主要来源于美学的基本属性，安静而和谐，如同秀丽的山水画，使人融情于景、难以自拔。而意境的崇高性指的则是当代设计理念转化下的特殊形态，它深刻体现了作品的道德内涵与

精神源泉，看不见、摸不着，如同空间一般，但却强烈地反应了人类内心的依托与向往。

5.2.2 物我与共

“物我与共”是创造意境的形象说法，与“情景交融”类似，都是中国传统美学理论的重要依据，为意境论奠定了坚实的哲学基础。

自改革开放以来，随着社会生活水平的不断提高，人们对物质、精神上的需求也不断提高，全国各地建筑、景观、室内、服装等高端设计行业也随之蓬勃发展。现如今，那些只追逐于满足功能需求的设计已经逐步成为社会生活的“淘汰品”，人们开始寻找一种真正能与自身产生共鸣的“物我与共”的艺术设计，从实践中赋予作品独特的意境是当下最受欢迎的设计手法之一。

意境是反映人类内心活动的高级形态，它既是设计作品的主题和精髓，又是设计师自身情感的寄托和倾诉。对于景观设计而言，没有意境的空间场景就如同失去灵魂的行尸走肉，没有感知与思想。由此可见，意境不仅是设计的灵感来源，人们的精神依靠，同时也是设计师与体验者之间的一道隐形的桥梁。宗白华曾经说过：“意境是造化与心愿的合一。”无论是在东方还是在西方，每一个优秀的设计作品都被设计师倾注了浓烈且真诚的感情，正是这些感情才铸就了大批传世的优秀作品。

意境在很多时候承载着许多不为人知的思想意识，这些意识包含了人们对设计的艺术追求、对大自然的无限遐想以及对未来人生的思索，这些复杂却又细腻的思绪都会体现在设计师的作品中以及体验者的行动中，这既是意境的魅力，又是景观设计的深层动力，它让人们在获得视觉和触觉双重体验的同时品味精神的归宿以及人生的哲理。以中国古典园林为例，当园林中的景物都被赋予了特定的精神与品格后，景物将不再是单纯的景物，而是供文人借景抒情的对象，这种在有限的时空中展现无限情感与内涵的处理方法，不仅有利于提高中国古典园林的艺术境界和精神境界，达到情景交融、物我与共的意境要求，同时也有利于人们对自身未来道路的思索以及对文化信仰的追求，从精神的层面出发，走到了设计的最高境界。所以，意境在景观设计中拥有着无可比拟的重要作用。

5.3 景观空间意境的塑造方法

意境是景观空间设计的灵魂，将景观设计与文化内涵巧妙结合，使景观设计在符合设计基本造型与功能的前提下更具幽深意远的传统韵味和思想境界，从而达到景观空间中景真、情真的完美效果。那么，怎样才能塑造出充满意境的景观空间，这将成为当下最值得思索的问题。当代美学大师宗白华曾说过：“艺术意境之表现于作品，就是透过秩序的网幕，使鸿蒙之理闪闪发光，这秩序的网幕，是由各个艺术家的意匠组织线、点、光、色、形体、声音或文字成为有机谐和的艺术形式，以表现出意境。”

5.3.1 空间的再造

空间是人们与景观设计接触时的第一感知。再造空间特色是指结合场地的历史、文化特征，然后将这些背景进行多种意象化的提炼与创新，并巧妙地运用于整体空间中，从而塑造出具有独特风格的景观空间。

以江南园林空间设计为例，中国传统园林本是古代追求入世的文人修身养性、陶冶情操之地。所谓“有可行者，有可望者，有可游者，有可居者，而可行可望不如可居可游之为得”，中国园林自古就秉承着可居、可触、可游的设计原则，结合以人为主、亲近自然的设计宗旨，将景观空间营造成移步换景、曲径通幽、精而合宜的景象与意境。以水、路的婉转曲折来展现空间的迂回神秘，从而象征着前方路途茫茫，但处处暗藏惊喜的美好寓意。除了中国传统园林空间设计，日本的枯山水景观空间营造也极具特色。如果说中国园林空间设计是一种可居可游的“动景”，那么日本的枯山水景观空间设计就是一种只可远观而不可亵玩的“静景”。枯山水景观之所以“枯”，是因为它并非真正的自然景观，而是利用砂砾、石头等天然材料进行各种象征性组合，通过极其简约且大方的形态营造出近似山水的景象，从而引申出淡泊、玄远、寂灭、往生的思想境界，更进一步地升华了景观空间的内涵与意境，达到形似神更似的效果。这种空间意境的营造方法较好地将现代设计手法与传统意象相结合，不仅营造出适合现代人生活的空间环境，而且使人在领略山水意境的同时感知禅学的深远，轻而易举地实现了“物与我共”的效果。

5.3.2 主题的定位

在景观设计中，主题的定位是塑造空间意境的主导基础，是体现文化底蕴的重要构成元素。主题意境的营造既能烘托氛围、丰富场景，让人们感受大自然的魅力以及设计景观的奥妙，又能传达文化、净化思想，让人们在有限的空间里发掘其背后无限的精神哲理，使欣赏者能够感受到更加高深的审美理念和文化讯息。

地域特色、历史文脉、人文精神、宗教信仰等都是挖掘意境空间主题的重要素材。这些素材在设计师收集、提炼、简化、意象化后，结合视觉、听觉、触觉以及嗅觉等感官体验融于空间设计中，在概念具体化的前提下赋予空间感性和理性的共鸣，从而孕育出情景交融的独特空间意境。这种空间意境营造法巧妙地将抽象与具象有机结合，外表含蓄但内涵深远，与“言外之意、弦外之音”的中国文化理念不谋而合。结合文化背景的主题定位，一方面，延续和弘扬了当地的特色以及文化的精神，既丰富了空间层次，又升华了空间意韵。另一方面，设计师通过对传统文化理念的学习，将现代空间设计手法重新组织与创造，以一种全新的姿态去诠释和营造具有传统文化理念的现代空间设计，不仅激发了设计者的创新思维，而且还对现代空间设计手法进行了更新与完善，使抽象的人文历史、质朴的自然情感都能融洽地与可视、可触、可游的空间形态和谐共处。

5.3.3 图形的变异

图形是中国最早用于传送信息的符号，也是表达信息最直接明了的传输语言。尤其是在当今社会，随着市场经济的快速发展，人们的生活节奏也变得越来越快，每天静下心来仔细阅读文字的时间越来越少，假设设计师想在生活中传递一条消息，简单易懂的图形表达远胜于密密麻麻的文字说明。图形解说已经成为当下传递消息、表达意指的最佳途径。

从时间上来分析，图形可分为传统装饰图形和现代标志图形，不同的图形元素在表现不同意境的时候，其形式上的变化也应有所不同。对于传统装饰图形而言，形状复杂且层次繁琐，完全照搬至现代景观设计中，不仅工程量难以负荷，而且还显得与现代景观空间格格不入，对空间意境的表达有弊无利。面对这种情况，图形的适当变异将成为表达空间意境的前提与必然。传统图形通过隐喻的手法进行大胆的简化、分解、重构以及变形，从而使富于历史意境的设计更加符合当今时代的审美。在空间设计中，隐喻是一种特有的设计手段，它能够突出空间的言外之意，挖掘空间的内涵特质以及传达设计师的精神意境，从而使空间设计更具文化底蕴和场所精神。对于现代标志图形而言，没有深远的内涵是其存在的最大的缺陷。意境只有在思想情怀、文化底蕴的熏陶下才会显得更加高级，在现代标志图形中运用象征性、符号性的设计手法将传统文化、思想情感、宗教信仰等感性元素适当地叠和、穿插其中，通过逆向变形的方法使现代图形更具“大中见小、小中见大、虚中有实、实中有虚”的传统思想理念，更进一步地丰富了空间的意境。

5.3.4 色彩的搭配

色彩是客观上的一种物质存在，是视觉审美的核心，它既能传递作品所要表达的感情，达到以色感人、以色怡情、以色动人的效果，又能深刻影响人们的情绪状态，改变人们的感知思维。色彩的感知主要来源于背景文化和生活习性，它具有一定的指向性和稳定性。在相同的区域，生活环境相似的两个人通常对色彩的感知也相似，例如金色代表权利与地位，绿色代表希望与活力，橙色代表温暖与收获。在中国北方地区传统大式建筑中，常以朱红、金黄、翠绿三色为主，纯度鲜亮，三种色相对比极强，清晰地展现了大式建筑的富丽堂皇与威武张扬。而在中国南方地区的传统小式建筑中，常以青灰、粉白、红棕三色为主，纯度较弱，色感淡无，从视觉上就能够直接感知出小式建筑的清雅朴实与含蓄内敛。在不同的区域，由于文化、信仰的不同，相同的色彩也会产生不同的感受和不同的向往。以最为经典的红色为例，在东方，红色象征着热性与喜庆；而在西方，红色则预示着流血与暴力。

对于景观空间设计而言，相对固定的色彩搭配同样具有明确的指向性与指代性。色彩的搭配设计也是利用了这种固定性，将符合当时精神内涵的色彩注入新的空间设计中，通过对色彩的提炼来唤起人们对空间的感知以及对意境的理解。以贝聿铭先生的苏州博物馆庭院景观为例，在色彩搭配上，无论是以粉墙黛瓦为主的空间背景，还是在景观中加设的亭台、砂砾和巨石，都是单纯地运用了灰白色调的拼接，环境周围还迎合着部分的青竹，灰、白、青三色的组合在一定程度上极大地反映了苏州地区含蓄内敛的文化思想，渲染了江南园林清净悠然的意境与氛围。

5.3.5 材质的创新

材质是空间设计中用来补充视觉感知的重要元素。与空间、主题、图形、色彩元素相同的是，它们都拥有感知意韵、表达情感的作用。粗糙的材质常常给人一种原始古朴、自然生态的感觉，如枯木、文化石等。相对精细的材质则常常给人一种高贵华丽、冷艳时尚的感觉，如大理石、不锈钢等。不同的材质既可以体现出不同的时代风格，又可以营造出不同的空间意境。然而，与空间、主题、图形、色彩元素不同的是，材质不是永久的，它会随着年代的流逝而改变或消逝。

随着科技水平的不断提高，越来越多的新型材料步入市场，设计师们开始针对那些易变的材料进行分析与研究，试图利用现代材料以及科学技术的多变性来伪装或代替传统材质。结果证实，这种方法只能治标，不能治本，对景观空间意境的营造毫无帮助。丹麦设计师克林特曾指出："只有利用正确的方法处理正确的材料，才能以率真和美好的方式去解决和满足人类的需求。"经过研究，许多设计师发现原来材质本身并没有存在明确的界限，只要合理掌握各种材料的特性及其加工技术，然后将其发挥至特定的地点与场景，同样可以起到原生材质时的效果。这种方法在一定程度上不仅满足了人们对空间意境的期待与幻想，同时也拉进了传统与现代、旧与老的距离，使创新材料在现代意境空间营造中显得更加和谐与统一。

第二章

怎么行?

——景观设计教育案例解析

案例一：高校校园景观艺术化设计研究

指导教师：杨吟兵　研究生：方凯伦

【摘要】在全球化、知识化两大潮流相互演进的大环境下，国内高素质人才供不应求。为了加大对各个地方人才的培养，教育部门决定在全国高等院校扩大招生范围，因此全国高校展开了扩建、新建等庞大的建设活动。高等院校是培养人才的重要基地，原先的室内空间教育早已不能满足当下社会人才的教育需求，高校校园景观设计作为高等院校校园建设的重要组成部分，具有强大的教学潜力和利用空间，为了提升高校校园景观的利用率，设计师开始将教育中心拓展至室外空间。由此可见，高等院校校园景观设计的重要性不言而喻。

该论文以高等院校校园景观设计为研究对象，通过文献收集、实地考察、资料整理等研究方法，简单分析了高校校园景观设计的发展现状及其格局雷同、设计单一、环境冷漠、文脉消散等现存问题，并为了解决这些难题，该论文对当代大学生的校园景观需求进行了部分调研，并得出相应的解决方法，从而顺利引申出艺术化设计在高校校园景观中的重要存在意义。与此同时，通过收集大量国内外高校校园景观设计资料，总结出艺术化设计应具备的功能实用性、生态可持续性、设计独特性以及文化传承性四大原则，与实际案例相结合，形象生动地展示了艺术化设计的形成方法与运用手法。艺术化设计是当下极具表现力的设计手法，并非绝对的形式主义，它在结合四大原则的基础上使高校校园景观设计变得更加独特与多元。单纯的理论不足以诠释艺术化设计的魅力，该论文从众多国内外案例中筛选出四川美术学院、浙江音乐学院、沈阳建筑大学三所不同类型的高等院校，并针对本土、专业、教育三个不同的方向对艺术化设计进行了深入探究，从宏观到微观，从抽象到具象，每一个细节都将高校校园景观艺术化设计展示得淋漓尽致，这种循序渐进的逻辑关系不仅有利于艺术化设计的表达与拓展，更有助于高校校园景观特色化的建设与发展。

为了验证高校校园景观艺术化设计的实用性与落地性，该论文以重庆物流职业工程学院景观设计为例，将艺术化设计理论与社会实践项目相结合，从地方文化、专业特色、教育思想三个方向入手，对高校校园景观艺术化设计进行了从浅入深的表达与剖析，从而更加有利地引申出艺术化设计是未来高校校园景观的重要发展方向。

【关键词】高校校园　景观设计　艺术化设计　实际运用

1 绪论

1.1 研究背景与意义

随着1996年全国教育工作会议上提出扩大高等院校招生范围讯息的到来，各地高校广泛扩招英才，由于人数的大幅度增长，全国上下进入了一个新建高校校园的热潮中。在当代设计趋势与现实因素相互矛盾的影响下，校园作为文化教育的重要传播场所，其设计正在逐步陷入简约化、模式化、单一化和普遍化的局限中。为了打破这种局限，设计师将设计重点转移至景观环境中，为此高校校园景观设计便成为当下的重要研究课题。

高校校园景观环境是高校教育的隐形课堂，它既可以学习专业知识，又能够提高综合素养，它的作用相对于室内课堂而言将会更加多元。艺术化手法作为视觉上最为直接的表现方式，不仅可以快速美化校园环境、彰显校园个性，而且还可以增强审美意识、陶冶生活情操，它能够从多方面实现校园教育的最大化。

1.2 国内外研究状况

针对高校校园景观设计的研究，国外的SER（学校环境研究School Environment Research）研究项目做了以下两方面探讨：(1）研究环境对人类行为的影响；(2）对于学校环境是如何影响学生学习过程的方面做出了具体研究。20世纪80年代末，美国评价发展研究中心出版了一套《热门课题丛书》(Hot Topics Series)，其中一本就是《学校气氛》(School Climate)。该书汇集了20世纪80年代以来有关学校气氛研究方面的30 篇研究报告和论文，对学校气氛这门课题作了相对全面的介绍，从侧面反映出教学环境问题已逐渐引起社会的广泛关注。

在国内，西北师范大学的李秉德教授作为国内教学论研究领域最先倡导和推动关于教学与环境关系研究工作的人，于1989年著文讨论教学活动的要素时指出："有一个常被人们忽略的教学因素，那就是教学环境。任何教学活动都必须在一定的时空条件下进行。这一定的时空条件就是有形的和无形的特定教学环境。"随后在他和李定仁教授共同主编出版的《教学论》一书中，他进一步阐述了教学环境的重要性，并将其列入教学论的研究范围，设专章阐述了教学环境的概念、内容、功能和调控教学环境的基本原则，从而有力地推动了这一课题在我国的研究进程。此外，俞孔坚、孙鹏等翻译的《人性场所——城市开放空间设计导则》一书中有一章"大学校园户外空间"，该章以校园主体对校园景观的评价作为出发点，分别对校园的基地空间、公共绿地、限制校园外部空间使用等问题进行了分析，并提出营建满足人的行为以及心理需求的空间设计导则。

1.3 研究内容与方法

1.3.1 研究内容

该论文以我国高等院校校园景观设计为研究对象，对高校校园景观艺术化研究进行了较为深入的分析与解读。

第一章是绪论部分。该部分简单阐述了论文的研究背景以及相关名词的意义，并通过国内外现状分析对研究内容展开了相应的思考与归纳。

第二章是高校校园景观设计的概述部分。该部分通过对高校校园景观的发展现状分析，总结其在当下所存在的诸多问题，并结合大学生对高校校园景观的相应需求，从而推出高校校园景观艺术化设计的重要存在意义。

第三章是高校校园景观艺术化设计的理论分析部分。该部分主要归纳了高校校园景观艺术化设计的四大原则以及在当下一些比较流行的设计方法，结合案例分析，打破传统高校校园景观设计的概念，更进一步地阐述了高校校园景观艺术化设计的相关理论知识。

第四章是高校校园景观艺术化设计的案例分析部分。该部分从众多国内外案例中筛选出三所不同类型的高等院校，并针对本土、专业、教育三个不同的方向对艺术化设计进行了深入探究，从而更加深刻地分析出高校校园景观艺术化设计的多样性和丰富性。

第五章是高校校园景观艺术化设计在实际中的运用部分。该部分巧妙地将前文阐述的所有观点带入实际项目中，从地方文化、专业特色、教育思想三个方向出发，对项目设计进行适当的艺术化改造与创新，从而使高校校园景观艺术化设计更具实际意义。

第六章是总结部分。该部分对全文进行了概括性总结，简述了最终的研究成果及观点，并对后续研究进行了相应的展望。

1.3.2 研究方法

本论文的研究方法主要有以下三种：

第一是资料研究法。收集近几年关于研究内容的各种文献资料，通过阅读、整理、归纳与分析的方法找出有利于校园景观艺术化发展的有利证据，并通过分析总结出当下高校校园景观设计的存在问题，然后针对这些问题研究出一套更为全面的高校校园景观艺术化设计研究理论方法。

第二是实地考察法。根据研究的内容，选取合适的高校校园景观进行实地考察，结合前期资料研究结果，对当下高校校园景观设计进行更加深入的探访与研究，并巧妙地将其转化为高校校园景观艺术化设计的有力证据。

第三是实际验证法。将之前研究出的设计方法、设计思路、设计经验与社会实际项目相融合，以落地的方式将高校校园景观艺术化设计表现得更加淋漓尽致。

2 高校校园景观设计概述

2.1 高校校园景观设计的定义

高校校园英文名为 Campus，该词来源于拉丁语，本意为一个连绵不断的绿色场地，直至 18 世纪后期才被用于指代大学校园空间。时过境迁，高校校园的形态不断发生改变，现如今它已成为一个相对明确且固定的概念。

高校作为知识传播的主要场所，是培养人才的梦想摇篮。它的发展成功与否，将直接影响整个国民素质的高低以及整个国家未来的兴衰，它是促进国家发展的重要场所。自 1995 年 5 月起，随着“科教兴国”发展战略的颁布与实施，各大高校的建设规模越发壮大，传统的教育早已不能满足当下人才培养的需求，高校校园景观作为高等院校的重要组成部分，其设计的重要性则不容小觑。校园环境作为校园的第一形象代表，是师生课余时间里接触最多的场所，具有特色的校园景观不仅可以学习知识、提升素质，还可以提高审美能力、陶冶情操、净化心灵。高等院校校园景观设计将成为高校教育中一个不可或缺的隐形课堂。

2.2 高校校园景观设计的发展现状

自改革开放以来，国内高等教育事业发展迅速，随着新校园建设不断增加，越来越多的高校校园在设计手法上逐步告别以莫斯科大学为首的传统模式，开始慢慢向多元化模式发展。受传统教育影响，高校室内空间教育被拓展得淋漓尽致，从而导致许多高校呈现出“建筑优先、景观填充”的场景。近十几年来，在室内空间教育发展逐渐饱和的情况下，设计师开始将设计中心转向室外空间，他们将景观设计作为校园教育的另一大发展场所，在保留校园特色的同时，融入更多当地文化、专业特色以及教育思想，其设计目的在于拓展学生的知识面，增强学生的学习主动性，从而达到校园教育意义的最大化。

结合近十几年来的新型高校校园景观，经研究发现校园景观设计在被当下社会注意的同时仍有许多局限。以重庆大学虎溪校区校园景观为例，该大学创办于 1929 年，是教育部直属重点大学，并于 2005 年在重庆市大学城虎溪成立新校区。该校在水体设计上，利用原地形的高差关系与生态环境，巧妙地形成了生动的自然水景；在植物设计上，种植了大量当地植物，物种繁多，层次丰富，标识明确且十分具有教育意义。但是，在道路设计上，该校为了交通更加便利，在仅保留了中心自然地形的前提下炸毁了较多的原生态地形，与此同时，在遵循建筑优先的传统思想下将原地形大幅度整改，没有做到较好的土地利用；在人文历史上，多采用名人雕塑、文化墙等传统设计来作为传达人文讯息的媒介，场景气氛过于严肃，无法有效地带动学生学习与科研的积极性，对校园教育的发展影响微弱；在空间设计上，形式单一且特色不足，不利于校园形象的展示以及校园特色的彰显。（如“图 2–1”）

2.3 高校校园景观设计的现存问题及其原因

在社会快速发展、科学飞速进步的大背景下，高等院校校园景观设计仍存在着格局雷同、设计单一、环境冷漠、文脉消散等一系列问题，针对这些问题，本文做出了如下的分析与研究。

2.3.1 格局雷同

受相关技术规范以及资金等现实因素的影响，国内大部分设计师在权衡利弊之余选择了最为普遍且简易的设计风格。为了给学校减少开支，设计师时常会遵循“规范第一，收益第二”的原则，将高校校园景观设计得相对规整且与其他院校样式雷同（如“表 2–1”），不仅在空间上缺少变化与创意，在格局上也仍然保留着过去的传统思想，这种现象将直接影响高等院校的形象与品位。

图 2-1　重庆大学虎溪校区校园景观设计

表 2-1　校园相似景观表

校园雷同化	例子
主楼前有雕塑的景观	中国地质大学、北京科技大学、中国邮电大学、中国农业大学、北京科技大学
以毛主席为题材的雕塑景观	浙江大学、重庆大学（B 区）、同济大学、复旦大学
大门景观	南京航空航天大学、北京邮电大学、华南理工大学、华南农业大学、复旦大学
钟楼景观	中央美术学院新校区、浙江大学、重庆大学、香港大学、宁波大学
日晷景观	天津理工大学、清华大学、复旦大学、深圳大学

2.3.2 设计单一

受知识全球化以及科技智能化的影响，人们在视觉审美方面出现了过度跟风的迹象，缺少因地制宜的概念，认为书上好看的或者是别处美观的都是适合自身校园景观的最佳方案。除了设计思维的跟风问题，设计景观的途径也是影响设计本身的要素之一。现代社会景观设计多以几款固定的软件为操作媒介，软件是一种智能模式化的工具，由它设计出的场景也必然会有失设计的本色与特色，这将直接导致校园环境个性化与特色化的缺失。

2.3.3 环境冷漠

受设计模式化以及思维局限化的影响，校园景观设计成了随意复制的产品。在高校校园景观中时常会出现一些“见物不见人”的场景，许多景观节点成了人们视线的过客。所谓的人性化设计、生态化设计都成了纸上谈兵的借口，设计师在过度借鉴的同时忽略了场地的适应性以及功能的实用性。因此，校园景观设计中的环境冷漠化成为当下校园景观设计的严峻问题之一。

2.3.4 文脉消散

受新政策、新校区、新环境以及新面孔的影响，许多高校校园景观与历史文脉联系不紧密。中国是一个文化大国，校园景观作为高校教育的重要场所，文脉的传承是其生存的内在精神支柱，缺失文脉的教育场所不仅不符合高校培养高素质人才的教学宗旨，同时也不利于高等院校文化的传承与发展。

2.4 大学生对高校校园景观的需求分析

大学生作为高校校园景观的主要体验群体，在大学校园这个明确而又固定的空间里有着不可替代的主导作用。如若分析清楚大学生的心理需求以及他们对高校校园景观的使用需求，将对高校校园景观设计有着更加实质性的帮助与意义。

当今的大学生大多青春活泼且心性单纯，面对即将要生活四年但却陌生又孤独的校园环境，他们除自身生活能力有待提高，许多隐形能力也将备受关注与重视，如适应能力、交往能力、心理调节能力等。这些能力的掌控往往是影响大学生心理健康的主导要素，而校园景观设计将起着不可或缺的作用。由此可见，有利于大学生心理健康发展的校园景观不仅需要有美化环境、净化空气的作用，还需要能够促进师生行为交流、缓解学习紧张气氛、激发学生创新思维的作用。

经相关数据分析，大学生对校园景观的需求大致可归纳为以下四点。

第一，归属感需求。归属感属于一种人性的本能感知，如同家庭一般能带给人们温暖、亲切、舒适的可依赖感，它既可以依附于环境与空间等具象性的物体上，又能够寄托于文化、精神等抽象性的感观里，是大学生快速适应新环境的首要心理需求。

第二，安全感需求。社会心理学家马斯洛认为安全需求属于人类生存需求的一种，是大学生处在某个陌生环境中增强可近度与舒心度的基础需求。例如，在一个身处户外且没有任何实体依靠的场景里，突然发现了一个能够判定正确方向的物体，亦或是在广阔的公共空间中寻找到一处小范围的无人打扰的可放飞心灵的私密空间，这些都是安全感的来源所在。

第三，互动性需求。在当代校园景观空间里，互动性常被视为一种促进交流、相互参与的互动方式，有利于人与人、人与景、景与景相互沟通与交融。如今的大学生正处于塑造心灵、强化技能的重要时期，交流互动的重要性不言而喻。体验者在环境中相互充实与渗透，使其观念和行为在潜移默化中产生微妙的影响与改变，最终促进双方或多方共同发展。

第四，艺术感需求。所谓爱美之心，人皆有之，审美是人们与生俱来的一种高级生活感知，是大学生在成长过程中一门重要的必修课，是人们在生活中发现美、寻找美和创造美的精神桥梁。而艺术感常被指代为审美理想与审美价值推动下产生的审美创造，它能使某人或某物在环境中自然流露出一种超越现实且独具个性的姿态与神态，实虚共存、真假难辨，是目前高校校园景观设计中较为欠缺的重要部分。

2.5 高校校园景观艺术化设计的存在意义

最早的艺术起源于“模仿”，亚里士多德曾强调说所有艺术都源于对自然和社会的模仿。直至中华人民共和国成立以后，相关专家与学者才将艺术的产生归纳为是一个由实用到审美、以巫术为中介、以劳动为前提的发展过程，其中掺杂着模仿的需求、表现的冲动以及游戏的本能。

景观设计是一项以地基为载体、技术为支撑、设计为手段、形式与功能相结合的感官体验系统，缺乏艺术的景观设计称不上是一个精彩的设计，结合上文提及的相关内容，高校校园景观的艺术化设计应运而生。艺术化设计作为当今社会表现力较强的设计手法，具有直观的冲击力以及霸道的侵入力，是当下景观设计的最佳包装武器。将艺术化设计与高校校园景观设计相互结合，不仅可以美化校园形象、彰显学校特色，还可以扩展教学手段、陶冶大众情操，使高校校园生活变得更加多姿多彩。

3 高校校园景观艺术化设计原则及表达方法

3.1 高校校园景观艺术化设计原则

高校校园景观艺术化设计是当前校园景观设计中一种凸显校园个性的发展手段与趋势，并非绝对的形式主义。通过对国内外多所高校校园景观设计的分析与总结，归纳出高校校园景观艺术化设计是在符合功能实用性、生态可持续性、设计独特性、文化传承性四大原则基础之上所创造出的合理化设计。

3.1.1 功能实用性原则

功能的实用性主要表现为物质功能和精神功能两个方面，物质功能又称实体功能，如休闲座椅、公共电话亭、公共路灯等；精神功能又称引导功能，常以启发人体动能为目的，习惯从侧面引导方向，是高校校园景观设计中不可忽视的隐形功能。此外，设计的宗旨是以人为本，实用性设计不仅能给校园里的人为行动带来方便，同时还能活跃校园生活的气氛，它是校园景观设计的基础，也是高校校园景观设计中需要考虑的首要问题。

以悉尼科技大学的休闲座椅为例（如“图 3-1”），该设计以曲线为造型的主要流线，各种造型高低错落、蜿蜒起伏，除此之外，设计师还将其与投影设备、绿色植物等巧妙结合，使该休闲座椅的功能性变得更加多元，从而达到休闲座椅功能的最大化。

图 3-1　悉尼科技大学休闲座椅设计

3.1.2 生态可持续性原则

生态可持续性原则是指在遵循生态原则的前提下做到“因地制宜、合理布局”的要求。麦克哈格认为人与自然是一种相互依存、互帮互助的关系，合理地规划原有环境，一方面可以缓解环境污染，另一方面可以优化自然生态，为我们的生活营造出一个可持续性的健康环境。

从大地艺术的角度出发，要求设计师对原有生态的影响达到最小，无论是自然调整，还是人工干预，都应当遵循“设计服从自然”的逻辑。在全民提倡生态设计的大环境下，土地便成了生态化的最好基础，良好的土地环境不仅能孕育出优质的植物与水体，还能减少大量的人员投入和资金投入。因此，地形的“最小干预”已成为当下最流行的地形设计趋势。以丹麦奥胡斯大学校园阶梯设计为例（如“图 3-2”），该景观设计充分利用了原始地形的高差关系，在最少干预的前提下对其进行了适当的艺术化改造，纯粹的草坪阶梯不仅可以休闲聊天、观景约会，还可以净化心灵、陶冶情操；变幻的硬质阶梯不仅可以完善功能、方便行走，还可以丰富空间、增添乐趣。

图 3-2　丹麦奥胡斯大学校园阶梯设计

3.1.3 设计独特性原则

任何一所高校都是单独的个体，既要在规章制度上保持共性，又要在校园形象上持有个性。设计独特性作为艺术化设计的重要原则，应充分与校园文化元素紧密结合，在创新思维的推动下，将高等院校校园景观的雷同化彻底打破，从而塑造出具有特色的专属景观。

以大厂书画院景观设计为例（如“图 3–3”），设计师巧妙结合中国画的意境之美，利用空间的魅力，在景观设计中设立了“映池”“听荷”“画影”“写秋”等特色小景，主要目的是让人们在体验“情”“境”场所的同时领悟书画带给人们的独特魅力。

图 3–3　大厂书画院景观设计

3.1.4 文化传承性原则

校园是文化的重要传播场所，文化是推进校园发展的动力源泉，二者之间相互依存、相互促进。通常情况下，校园景观设计的文化传承可以从以下三个方面入手。第一，历史文脉。从时间的角度出发，整理并总结该校园的形成背景、艰辛历程以及未来发展，让人们更加清楚地了解校园的沧桑与宏伟。第二，教育特色。从教育的角度出发，将学校的办学理念、教学宗旨、教育特色等展现于校园环境中，不同的学校专业优势、教学方式都有所不同，设计得当则可直接彰显高校校园的特色与个性。第三，地方文化。从地方的角度出发，由于新校区大多建立在陌生的区域，因此因地适宜的原则尤为重要。设计师应抓住当地的地形优势，在融入当地民风的同时提升校园层次与格调。

以州立基尼学院植物设计为例（如“图 3–4”），为了将学校教育达到最大化，州立基尼学院决定将原先一块被废弃的绿地改造成自然教育中心，以独特的方式为学生开辟了一个与学院课程紧密结合的自然科学院落。该院落拥有许多本地植物群，学生可以在这里研究植物的进化过程和系统分级。据老师反映，这种“室外课堂”不仅是学院教育环节的扩充课程，同时也是学生提高学习效率的教育空间。

图 3–4　州立基尼学院植物设计

3.2 高校校园景观艺术化设计表达方法

随着高校校园景观设计的多样化发展，作为最具表现力之一的艺术化设计倍受现代社会、人群的欢迎，人类开始更专业地对校园景观设计进行各种独特创造，从而使设计过后的校园景观更加符合现代社会的审美要求和精神要求。经研究过后，笔者归纳和总结了一些艺术化设计的创新方法和表现技巧。

3.2.1 夸张与变形

夸张与变形是针对事物的本身特性所展开的一种过度提炼和加工的艺术化表达方法，是将物体在原来基础之上通过改变形状、尺度、比例等方法进行的再造与创新，从而营造出更具艺术效果的处理手法。它可以使平凡的事物变得与众不同，也可以使复杂的事物变得简易生动，最终帮助人们理解与记忆。

以首尔梨花女子大学教学楼空间设计为例（如“图 3–5”），该空间巧妙地将下沉式空间与地台式空间有机组合，将生态化空间与功能化空间相互统一，在夸大空间尺度的同时创造了许多实用性景观节点，在丰富功能使用的同时设计出一些艺术界面和生态绿地，从视觉艺术的角度出发，整个设计具有强烈的感官冲击力，新颖大方，使人印象深刻。

图 3–5　首尔梨花女子大学教学楼空间设计

3.2.2 解构与重组

解构与重组是现代设计中的重要表现方法，它打破了传统的组合模式，将准备好的设计元素进行任意拆分，然后以一种创新性的艺术性的形式再次组合，最后以另一种完全新颖的整体形象呈现于大众面前。以下图的木片改造设计为例，设计师将原有硬性木片进行软化后再次设计与利用，这种设计思维不仅可以激发学生的表现创造能力，同时也可以培养学生的内在探索能力。（如“图 3–6”）

3.2.3 消失与再现

消失与再现是现代景观设计中一种较为独特的表现方法，即只有在限定时间、限定位置的特殊条件下才能产生限定效果的表现方式，通过特定的手段去寻找答案，集具象与抽象于一身。这种表现方式既能提升设计效果的独特性，又能激发内在思维的创新性。作为一种非常有趣的表现手法，在当下常被运用于纪念性景观设计中，其中阿根廷光之教堂就是消失与再现的经典代表作品之一。（如“图 3–7”）

图 3-6　木片的解构与重组设计

图 3-7　阿根廷光之教堂

3.2.4 对比与融合

对比与融合是现代校园景观设计中比较具有挑战性的一种表现方式，即整体与局部、矛盾与统一的对立式表达方式。现实生活中很多事物都有两面性，只有正确处理好二者之间的关系，才能达到场景的和谐以及设计的升华。从本质上来说，对比是由不同性质或不同形态构建元素所产生的视觉相异效果，只有在统一的设计构成中，对比的美感才会显得更加高级。

4 高校校园景观艺术化设计案例分析

4.1 本土的记忆：四川美术学院大学城校区景观设计

在校园景观艺术化设计思潮的影响下，国内各类高校景观设计开始努力挣脱千校一貌的枷锁，逐步向特色化校园建设迈进。四川美术学院作为全国重点艺术类院校，美术底蕴深厚且艺术氛围浓烈。随着 2005 年四川美术学院大学城校区的正式落户，百万艺术爱好者慕名而来，重庆市就此又多出一道独特的风景线。此外，四川美术学院大学生校区设计还在国际大赛中荣获过“首届国际公共艺术奖”，是亚洲地区唯一获奖的优秀公共艺术项目。

4.1.1 背景概况

四川美术学院大学城校区坐落于重庆市沙坪坝区的虎溪镇，该镇卧居于缙云山脉脚下，东靠中梁山脉，是个山明水秀、人杰地灵、民风淳朴的城乡结合部。该校占地面积约 960 亩，场地崎岖、山林茂密，南邻重大、北依重师，集生态绿地与高教人才于一体。

四川美术学院的设计理念在于“顺势而为”，在延续场地原有特色的同时寻找乡土文化脉络，让整个校园景观成为本土文化的守护者与传承者，从而使四川美术学院在历史的延续上更具存在意义与研究价值。该校在设计手法上则采用了“十里埋伏”的表现手法，保留了场地里曾经供农民居住的三合院住宅“老院子”、供农民生存的田地与荷塘以及供野生动物栖居的山丘和树林，在最少干预的原则下进行着对地方特色的保护与延续（如“图 4–1”）。

图 4–1　四川美术学院原生态景观

4.1.2 艺术化设计分析

围墙设计。最早的围墙诞生于远古时期，是人类为了抵御敌人、隐蔽防身所用。随着历史的演进，围墙的定义早已不能界定为保护空间的屏障，更多的在于它代表着某个时代的变迁以及某种文化的缩影。四川美术学院的围墙艺术化设计以尊重本土文化为整个艺术创造的前提，在营建技艺上，学校招募了众多当地的农民工匠，他们通过口传心授的传统方式将当地的营建工艺发挥到淋漓尽致。在材料选取上，该围墙采用了当地大量的原生材料以及农用工具，如青石板、石磨盘、青瓦、瓦罐等。在造型设计上，该作品借鉴了原有水渠、山洞、门洞等本土造型，结合了当代流行的设计思维与艺术创造，赋予了围墙保护校园、美化环境、分割空间、创业开店等多元化功能，使其在造型上既延续了本土的风貌与特色，又不失现代的功能与美感。在文化传承上，该设计融入了众多巴渝地区宗教和儒学的特色配件，如石刻、佛像、雕塑等，这些点睛之笔在丰富围墙景观内容的同时加强了对当地传统文化的传递与歌颂（如“图 4–2”）。

入口设计。入口既是学校的第一形象代表，又是校内与外界衔接的主要交通枢纽。以四川美术学院东大门入口景观设计为例，该入口个性独特且形态艺术。在整体规划上，它完全打破了以往面朝城市、车辆通行的传统格局，该大门面朝步行街，禁止车辆出入，且入口地面造型波澜起伏，预示着学生进校拜师学艺需踏踏实实、一步一个脚印（如“图 4–2”）。在材料选取上，运用了大量粗糙的巨石，再配合简陋的加工，既无水泥粘合的印记，也无刻意制造的痕迹，仅保留的是当地匠人的手工痕迹，从容地展现了西部地区朴实的民俗民风，令人赞叹不已。在门房设计上，几块简约的巨石横插于入口广场中心，上面刻满了 3 万名教职工的姓名与入校年份，只要是在四川美术学院待过的人就会有其存在的痕迹与证明，该设计既体现作品的艺术涵养，同时又满足了人们的归属感需求。

图 4-2　四川美术学院景观艺术化设计

廊亭设计。廊亭是景观构成元素中的重要组成部分，它既是美化环境、装扮校园的景观节点，又是供人们休闲娱乐、遮风挡雨的半公共空间。四川美术学院廊亭景观的艺术化设计主要体现在造型表现和人文表现两个方面。从造型表现的角度出发，该设计引用了西南地区穿斗式木构架结构，将椽、檩、穿、柱等建筑构件巧妙地搭接于廊亭设计中，其中的木料、瓦片、农具、斗笠、蓑衣、打谷机、木盆、古床等传统材料皆是就地取材所得，使其更具亲和感与复古感（如“图 4–2”）。从人文表现的角度出发，每一样道具都是历史文化遗留下来的见证，在这些雕工淳朴且历史悠久的装饰背后，承载的是“仁义礼智信”“天地君亲师”“自然和谐”“道法自然”“修身养性”等儒道佛多方教育思想。在这种开放、自由、包容、互动的艺术氛围中生活，既有利于拉近师生距离，促进大学生的学习与交流，又有利于迸发艺术灵感，唤醒人们内心深处的各种偶然与可能。

4.2 灵动的旋律：浙江音乐学院象山校区景观设计

2002 年，在习近平担任浙江省委书记时曾多次声明浙江省需发挥人文优势，推进科教兴省，加快标志性文化设施的建设。直至 2012 年，浙江音乐学院象山校区在政府的推动下正式启动，伴随着广大音乐爱好者的热切呼唤，一所以音乐为主的高等专业院校就此诞生于浙江省杭州市，该校设计理念独特，是一个彰显专业特色的现代艺术化校园。

4.2.1 背景概况

浙江音乐学院象山校区坐落于杭州市西湖区的转塘镇，该镇曾经是一个普通的城乡结合部，随着中国美院的入驻，吸引了国内外众多艺术人才，从而也带动了这一带的经济发展与艺术发展，浙江音乐学院就是在这样一个艺术氛围浓烈的背景下建设起来的。该校占地面积约 600 亩，夹于两山之间，从平面图上看酷似一只展翅飞翔的蝴蝶，两头宽，中间窄。

浙江音乐学院景观的设计重点在于突出音乐元素，传达优美旋律，在充分保留原有地貌的基础上打破传统模式，从而达到灵动多样、厚重精致的开放性景观效果。为了将专业特色表现得更加到位，设计师在定稿时将整个学校的布局与造型都设计成了灵动的曲线，通过大气优美的弧线将动感与美感贯穿到校园的每一个角落，将景观与音乐融为一体，让人们在其间聆听曲乐的真谛，感受艺术的魅力，自然生动，美轮美奂（如“图 4–3”）。

图 4–3　浙江音乐学院景观现状

4.2.2 艺术化设计分析

地景设计。地景设计是浙江音乐学院景观设计中的重要特色，将建筑化作音乐元素的一部分，使其与周边景观紧密相连，从而形成一片具有音乐特色的实体景观。以音乐楼入口景观设计为例，音乐楼是由多个分散的楼院聚集而成的条带状建筑群落，其入口便藏于院系周边一带较为险陡的草坡中，入口景观与建筑物连成一体，使得该楼在众多草坡的遮挡下显得格外含蓄内敛。除此之外，地景的营建筑工艺也十分考究（如“图 4–4”），工匠们需要先将土坡进行适当的铲除与修整，然后在整理后的土坡上撒上一层防滑的砂砾，紧接着将之前准备好的一堆麻袋装满泥土后再一个一个垒积于土坡之上，其目的是巩固坡地景观的完美性与完整性，最后再铺上一层鲜活的草皮，既艺术又永久。

图 4–4　地景设计营建工艺

图 4-5　浙江音乐学院水景设计

图 4-6　浙江音乐学院座椅设计

水体设计。水体是景观设计元素的重要组成部分，大致可分为自然水、人工水和人工自然水三种，其中人工自然水是目前运用最为广泛的水体设计方法。水体的艺术化设计需遵循师法自然、最少干预两大原则，集自然生态、人文社会和艺术美学等知识于一身，运用得当不仅有利于校园景观空间和生态环境的优化，而且还有利于人类生存和资源可持续发展的进步。浙江音乐学院水体设计有两种（如“图 4–5”），一种是安置于大剧院入口的人工水景，主要目的在于分散人流、美化环境、欢迎和吸引更多慕名而来的音乐爱好者。在设计手法上，结合了山水的意境与音乐的灵动，运用夸张和叠加的艺术手法，将水景与山川、音乐完美相融。而另一种是流淌于音乐学院与舞蹈楼之间的人工自然水景，该水景巧妙利用了地形的高差关系，在楼梯般的地基里形成了天然的跌水景观，与图书馆交相辉映，别有一番韵味。

座椅设计。座椅属于公共设施的一种，坚持以人为本原则，其主要功能在于供路人休息与娱乐，在景观环境中具有重要作用。浙江音乐学院的休闲座椅在品种样式上个性独特，如流线形、山脉形、音符形、线谱形等；在艺术手法上丰富多彩，如独立式、组合式、群聚式、牵引式等，既彰显艺术特色，又蕴含专业精神，使浙江音乐学院校园景观在艺术化设计的道路上愈发成熟与精彩（如“图 4–6”）。

4.3 教育的延伸：沈阳建筑大学景观设计

育人是高等院校建设发展的首要职能，也是高校校园景观设计的基本属性。沈阳建筑大学始建于

1948 年，该校环境宜人，教育气息浓厚，是一所将育人、生态、产业三者有机结合的理工类高等院校。

4.3.1 背景概况

沈阳建筑大学历史悠久，途中因文化教育的发展需求，于 2002 年将校区搬迁至沈阳市浑南新区。该校曾先后更替为东北兵工专门学校、东北建筑工程学校、沈阳建筑材料工业学院等，几经波折后，于 2004 年正式定名为沈阳建筑大学。沈阳建筑大学占地面积约 1 500 亩，曾属生态农田，土地肥沃、水利充沛，是一片浑然天成的绿色农业用地。为融于校园景观，在资金有限的情况下，设计师将生态农田与教育理念结合，从而营造出一片稻香书声、景育交融、恬静安逸的校园景象。

4.3.2 艺术化设计分析

稻田设计。稻田设计是沈阳建筑大学景观设计的主要特色，该亮点曾荣获美国景观设计师协会颁布的设计荣誉奖，现如今已形成该校一道独特而又亮丽的农业风景线。该设计力图将正在成长的大学生推至乡土，让他们亲身体验粮食收获的全过程。春初，组织师生插秧；夏初，参观水稻风景；秋初，组织师生割稻；冬初，赠送割稻成果（如“图 4–7”）。其目的在于希望现代的大学生能够在大自然中找寻真我，在实践中品味真谛，这不仅有利于他们学习知识、锻炼体能，更有利于他们提高素质、培养心智。设计师将校园景观与地方特色、综合教育紧密相连，通过行为活动形象生动地将实质教育与精神教育贯穿始终，从本质上出发，促使该校校园景观设计达到教育的最大化。

雕塑设计。雕塑作为景观设计的重要组成元素，它既是美化环境的艺术设计师，又是传文授教的历史演说家。以“滚滚向前”雕塑设计为例，该作品描绘的是一群人推一个铁碾子的情景，这个铁碾子是曾经修建老校区时留下的工具，保存至今依然完好，它象征着沈阳建筑大学沧桑的历程与悠久的

图 4–7　沈阳建筑大学稻田景观设计

文化，而那一群人代表的则是多年来在校学习的莘莘学子。该校的校友在每年返校时都会捐赠一个雕像作为学届代表加入其中，预示着学校的发展与每一位沈阳建筑大学人息息相关，该设计既加强了人与景的围合感和互动感，又增强了师生们的认同感和归属感，使人们在过往之余感受和体验该校多年来强大的人文气息与传教氛围。

5 高校校园景观艺术化设计实际运用——以重庆物流工程职业学院校园景观设计为例

5.1 背景与概况

重庆物流工程职业学院坐落于重庆市大足区龙岗街道办事处，交通便利，地势独特。该校占地面积约 700 亩，规划绿地面积近 20 万平方米。学院于 2014 年 9 月投入试运行，能够容纳 8 000 名高职在校生就读的建校规模。

大足区位于重庆西部，始建于唐朝乾元元年（公元 758 年），以“大丰大足”之意得名。区境内设有重庆市唯一的世界文化遗产大足石刻以及历史悠远、环境优美的玉龙山国家森林公园。此外，大足区还被誉为中国重型汽车工业的“摇篮”，素有“五金之乡”的美称。大足区在建设中十分注重对当地特色的保护，从而使原有格局得以保存，为重庆物流工程职业学院景观设计的生态可持续发展奠定了良好的基础。

5.2 发展现状与存在问题

随着工程建设进度的加快，重庆物流工程职业学院内的建筑于 2016 年已基本成形（如“图 5–1”），现如今该校校园景观的设计将成为最主要的任务之一。重庆物流工程职业学院景观绿化带受原生态景观影响，多呈现具有山城特色的坡地式、山丘式地形，由于这里原先属于农业用地，因此至今仍能看到部分尚未开垦的菜地与鱼塘。根据实地考察调研结果分析，重庆物流工程职业学院景观目前仍存在着一些问题。

图 5–1　重庆物流工程职业学院景观现状

首先，该校地形过于复杂与凌乱，但过多调整将不利于环境生态化以及可持续化的发展。其次，宿舍、食堂等建筑群距离太近，其中间的绿化空间较小，控制不当则会造成校园景观设计整体不协调。除此之外，整个绿化带过于生态，原有的鱼塘位置过于偏僻且面积不大。因而怎样在原有绿化环境的基础上最少干预地进行艺术化的微调与展现将是目前需要解决的最大难题。

5.3 设计理念与设计思路

自重庆物流工程职业学院成立以来，一直以市场为导向、就业为目标、学生为中心、教学为保证、质量为根本、校企结合、发展创新、培养社会实用人才为办学宗旨，加倍培养物流工程、物流技术、装备制造、商贸旅游、服务管理等专业高级技能人才。重庆物流工程职业学院校园景观以“田园山水、流动景观、特色教育”为设计理念，努力将绿化带设计成一个实效与经济双收、传统与创新统一、功能与形式结合、和谐与矛盾兼顾的艺术化校园景观（如“图 5–2”）。为了更好地诠释重庆物流工程职业学院校园景观艺术化设计的设计理念与设计思路，文章将通过以下三个角度展开探讨。

图 5–2　重庆物流工程职业学院景观设计平面图及其分析

第一，从地域文化角度出发。在地形设计上，大足区地属山城，坡地景观是其特色之一，不宜过度破坏其自然纹理与格局。在文化思想上，该地区人民长期受石刻文化影响，常以宋代的礼教文化为做人标本，思想传统，民风朴实。在材料运用上，由于当地重工业发展蓬勃，工业材料繁多，为了缓解当地环境污染问题，宜对这些材料进行合理回收与利用。在植物配置上，提倡因地制宜，在节约资金的前提下增强植物的健康值，从而促进生态田园化校园景观的建设。

第二，从专业特色角度出发。重庆物流工程职业学院主要包括物流工程、物流技术、装备制造、商贸旅游、服务管理等专业，无论是物流发展历程，还是学科名人名迹，都能从中挖掘出许多专业元素，之后再将其进行艺术化的转换，从而达到校园景观特色化的目的。若运用于空间设计上，不但可以增加空间格局的可变性，还能提高空间过渡的趣味性；若运用于元素设计上，则既可以增强景观小品的专业性，又可以提高校园环境的独特性。

第三，从教育思想角度出发。在实质教育上，校园景观的特色化设计就足以将其满足，直至达到专业教育与文脉教育共同发展的境遇。在精神教育上，随着专业人员的大幅度增多，职业院校的学生所面临的学业压力和社会压力也随之加大，优秀的校园景观不仅要满足实质上的教育，在精神上的安抚与鼓励也是不能忽视的。在综合教育上，高校的最终目的是培养学生成为全面发展的高素质社会人才，这既需要室内课堂的教育，又需要室外课堂的指引，提高学生的综合素养与能力将是高校校园景观艺术化设计中的最高境界。

5.4 重庆物流工程职业学院校园景观艺术化设计分析

在重庆物流工程职业学院校园景观设计规划中主要包括了特色入口、文化广场、生态茶林、趣味湖泊、秘密花园等 11 处景观节点设计，结合功能实用性、生态可持续性、设计独特性、文化传承性四大原则，将其与地方文化、专业特色、教育思想的设计思路紧密相连，在体现自然与人文相互交融的创新思路同时，也为该校园增添了许多艺术化氛围和个性化特色（如“图 5–3”）。

图 5–3 重庆物流工程职业学院校园景观设计

5.4.1 校园景观与地方文化相结合的艺术化设计

地域文化作为高校校园景观艺术化设计的主要表现思路，涵盖了当地的地形、气候、植物、水体、文化等多方面元素，是创建艺术化校园的重要基础。

以茶林设计为例（如“图 5–4”），为了保留原生绿地，设计中并没有直接损毁正对入口的山林。在地形规划上，提倡最少干预，主要路线则采用环绕的方式直接绕过，次要路线则穿插于山林之间且立足于较为缓平的坡度之上，与专业元素、自然景观和谐地融为一体。在水体设计上，提倡适度牵引，水是万物之源，为防止原有湖泊的水因面积过小而逐渐消失，在设计时适当扩大了湖水的范围，结合山地关系，将水流自然地绕于山脚之下，利用视觉的集点，将水流进行适当的变形与错位，在解决山林间补给问题的同时又巧妙地增强了互景的视觉享受。在公共设施建设上，提倡随遇而安，结合山地特色与专业特色，将公共设施艺术化地拼接于高低错落的山体环境中，从而达到个性与和谐的完美统一。在文化体现上，提倡内涵感知，茶马古道被誉为中国历史上著名物流交通路线，结合其文化内涵，适当调整场景，然后再搭配相应的景观小品，使人们在茶林间感受物流文化历程，既能促进师生间的交流与互动，又能提高专业知识、陶冶艺术情操，从而达到茶林景观设计的教育目标。此外，从经济的角度出发，创建茶林还能在一定程度上提高该区域茶的知名度，这种方式不仅是创建特色校园的有效手段，而且也是增强大足区域经济发展的创新方案。

图 5-4　与生态结合的艺术化设计

5.4.2 校园景观与专业特色相结合的艺术化设计

专业特色作为高校校园景观艺术化设计的主要表现途径，包括校园特色、学科特色以及课堂特色等，它是解决设计单一、格局雷同等校园景观问题的关键要素，合理创新与运用将是该校景观设计的一次重大飞跃。

以入口设计为例（如“图 5-5”），该校的入口大致可分为主要入口区域和次要入口区域两个部分，设计时分别从校园特色和学科特色入手，使这两个区域在宏观统一的基础上产生出微观变化。主要入口区域的设计表达以校园特色为主，结合重庆物流工程职业学院的办学理念、建设目标与教学宗

图 5-5　重庆物流工程职业学院入口设计

旨，提取关键设计元素，运用夸张法、解构法以及重组法，使其变得更加大方与独特。次要入口区域的设计表达以专业特色为主，将物流元素进行适当的简化与变形，从而达到具象与抽象有机统一、形式与功能合理结合的艺术效果。

除此之外，专业特色元素还会广泛出现于校园景观设计的每个角落，例如发光地铺设计（如“图 5-6”），该设计利用太阳能发光原理，将地面铺装与灯光艺术有机结合，使其在掌握流动空间的同时增强整个环境的艺术氛围，既环保又独特。以此类推，该校园景观设计中还有流线隔断、水上人行道、流动座椅、交通小品等一系列个性设计，它们的存在将直接促进整个校园景观的艺术化发展。

图 5-6　发光地铺设计

5.4.3 校园景观与教育思想相结合的艺术化设计

教育思想作为高校校园景观艺术化设计的最终表现目的，大致可分为直接教育和间接教育两种。直接教育是指通过文字、图像、雕塑等实质直接传达教育理念的媒介，是校园景观设计中最为常见的表现方式。间接教育是指通过体验、探寻、互动等隐形媒介，以引导的方式从另一个角度更加深刻地感悟教育思想，这是打破传统模式、创建新型校园景观艺术化设计的艺术表现方法。

以“仁义礼智信”庭院设计为例（如“图 5-7”），该设计以间接教育为主，大致由七个庭院式空间组成，他们潜伏于不同的教学建筑中，且每个庭院分别蕴含着不同的教育理念，通过各种艺术化手法将其进行适当的包装与改造，使“仁义礼智信”庭院更具趣味性与神秘感，该设计既可以减轻学习压力，又能够提升学习动力，从而培养出更加全面发展的专业型人才。

图 5-7　“仁义礼智信”庭院设计

除此之外，校园景观中还存在着诸多以直接教育为主的艺术化设计。以“行走的图书”设计为例，该设计属于公共设施类，基于回收再利用原理，将校图书馆内多年被遗忘的图书整理取出，并安置于各种公共小型藏书箱内。该设计的灵感来源于澳大利亚的一组公共设计（如“图 5-8”），此类书箱造型独特、形态各异，将其点缀于校园景观的各个角落，使师生在闲暇观景之余也能随时翻看到图书，增强校园的书香气息与学术氛围。

图 5-8 “行走的图书”设计

6 结语

随着“科教兴国”战略的实施，高等院校作为社会经济文化的主要发展轴心，是培养创新性高素质人才的重要基地。在开放与交流的新教育理念的指导下，教育场所逐步由室内空间拓展至室外空间，因此高校校园景观也将成为影响当下高校教育的重要场所之一。经研究发现，我国高校校园景观的不足之处主要表现为校园景观的空间格局雷同，设计元素单一无特色，环境冷漠且对人关怀度不够以及没有与历史文脉、专业文化紧密结合等。针对这些问题，该论文对当代大学生进行了相应的心理调研，并归纳总结出归属感、安全感、互动感和艺术感四大需求，从而顺利引申出高校校园景观艺术化设计的概念及其重要存在意义。

高校校园景观艺术化设计是一种依托土地、空间和文化的环境艺术，构成要素与影响元素繁多，为此文章对高校校园景观设计做了一些深入而细致的分析，从高校校园景观设计的现存问题与国内外优秀案例中总结出高校校园景观艺术化设计的原则及方法，在设计原则上需遵循功能实用性、生态可持续性、设计独特性以及文化传承性四大原则，在处理手法上需结合夸张与变形、解构与重组、消失与再现、对比与融合等艺术表达方法。

为了更加彻底地理解高校校园景观艺术化设计，该论文还挑选出四川美术学院、浙江音乐学院、沈阳建筑大学三所不同类型的高等院校，针对本土、专业、教育三个不同的方向对艺术化设计进行了更加细致的探究，从宏观到微观，从抽象到具象，将案例中的围墙设计、入口设计、廊亭设计、地景设计、水体设计、座椅设计、雕塑设计等都展开了艺术化分析，形象生动地展示了高校校园景观艺术化设计的具体设计思路、设计理念、表现形式及最终效果。除此之外，该论文还通过理论与实践相结合的方式剖析出高校校园景观艺术化设计的三个重要切入点。第一，从地域文化出发，结合实际地形地貌、风土人情，更好地将校园景观艺术化与生态性相结合，在艺术化转型的过程中提升校园景观建设的可持续性。第二，从专业特色出发，挖掘高校的学科特性与专业亮点，并从中提取元素，经过艺术化处理将其融入校园景观设计的空间设计及元素设计中，从而使高校校园景观设计在满足功能需求的基础上变得更加个性与独特。第三，从教育思想出发，追寻高校校园景观设计的最终目的，并通过各种艺术化手段，在拓展校园景观隐形教育的同时增强其独特的创新性与人文性。

该论文所提供的关于高校校园景观艺术化设计的研究方法与策略，皆是笔者通过对相关文献资料整理以及对相关实地考察结果研究，并结合国内外优秀案例，运用自身所学的专业知识与专业经验总结分析而来的。此外，由于篇幅有限，文章的内容并没有完全涵盖到高校校园景观艺术化设计的方方面面，对于文中所提出的原则和方法仍需在未来的实践与探索中做进一步地检验和修正，希望在今后的不断努力中能够使高校校园景观艺术化设计发展得更加全面。

案例二：彝族“火文化”在景观设计中的运用研究

指导教师：杨吟兵　研究生：达发亮

【摘要】在现有研究中，人们通过文学、历史学、人类学等学术窗口对彝族的文化风俗进行了深入而丰富的研究，取得了众多的学术成果。近年来，伴随着景观设计学的兴起，有关彝族文化的景观空间设计也较丰富，有力地实现了彝族文化在景观空间中的表达，开创了彝族文化与景观设计相结合的新局面，如四川省凉山彝族自治州凉山民族文化艺术中心，以及位于云南省楚雄彝族自治州彝人古镇，彝族十月太阳历广场等。但对彝族区域的民族性景观设计的理论研究，学界的尝试依然薄弱。从长远来看，理论研究的薄弱势必会制约彝族地区的民族性景观设计的创新与发展。

因此在前人的基础上，本论文选取能集中体现彝族文化内涵的“火文化”为切入点，并以人类学与景观设计学的视角对彝族聚居区“火文化”在景观设计中的运用进行研究，对彝族“火文化”在景观规划设计中的营造策略进行总结，同时在此基础上完成一个设计创作来进行论证。全文分为三个版块，即绪论、正文、结语。绪论中主要阐述了本论文的研究背景、研究意义与研究方法。

正文主要分为以下三个部分：

第一部分主要探寻彝族“火文化”的根源与内涵，以及对于彝族社会日常生活的影响，并对由此而生发出的彝族传统造型元素的表现形式进行概括和总结。

第二部分主要结合景观设计学原理对彝族聚居区景观设计现状做出分析，如彝族“火文化”在景观设计中的意义，彝族聚居区景观设计中出现的问题。

第三部分主要运用当代景观设计原理及相关理论，对彝族“火文化”在景观空间中的造型、材料、色彩、图案、技艺等方面的应用进行分析和研究，从而得出“火文化”在彝族当代景观中的设计策略，同时在此基础上完成一个设计创作来对结论进行论证。

最后在结语与展望中对彝族“火文化”在当代景观空间设计中的设计趋势以及社会价值进行总结。

【关键词】彝族　火文化　景观设计

1 绪论

1.1 研究背景

彝族是一个历史悠久、文化形态多样的民族，地理、历史等因素导致彝族的分支复杂，在我国历史上出现过如“诺诺”“诺苏”“诺孜”“山苏”等几十多个不同的支系。彝族人口众多，主要呈现出大杂居、小聚居的状态，分布于我国西南山区，彝族的主体聚集在四川省凉山彝族自治州和云南省楚雄彝族自治州，而以上两个民族自治州也是彝族传统文化风貌保存、发展得最好的地方。在历史的长河中，彝族创造了许多引以为傲的文化，彝族文化形态多样，内容丰富多彩，诸如手工艺术、建筑艺术、语言文字、服饰文化、民俗文化等。

经济的发展与物质财富的增加促进了社会面貌的改变，这种变化也体现在生活环境与精神意识方面，将直接影响到人居环境的变化。经济发展是一把双刃剑，如果利用不当就会带来许多负面的影响，譬如环境的破坏、历史遗存和独特景观地域风貌的改变与消失。如今飞速的城市化运动带来的矛盾越来越尖锐，逐渐受到人们的重视。许多专家学者尝试着为以上的社会问题开出医治良方，也不乏改革的实践者，他们走在探索创新的第一线。大家提出了许多的问题和解决的方案，从自身专业角度去分析，且殊途同归，所要达到的目的无非是建构起一个可供人们生活的良性环境，并能够在此基础上构建出一条可持续的发展道路，解决在景观风貌雷同而失去地域特性的问题。因此，在彝族地区立足于其本土文化，延续其地域文脉，保持景观的独特性就显得尤为重要。立足于当下，立足于土地，希望在未来能够探索出一种良好的发展模式，以此为鉴使得每个地方都能呈现出自己独特的精神面貌。

1.2 研究现状

随着近几十年社会的进步与发展，经过政府的引导和一批学者的耕耘，有关彝族的研究活动和学术著作逐渐丰富，彝族的各项事业都取得了长足的进展，这其中包括彝族的宗教、语言文学、民间艺术、民俗活动、历史等。我们经过相关文献的查阅，收集整理许多契合彝族“火文化”研究的著作，同时收集的关于景观空间的研究论著也颇为丰富，在此基础之上选择在学术上具有权威性以及影响力的学术著作，作为研究的理论基础。

伴随着景观设计学的兴起，至今关于景观设计实践与理论的研究都取得了重大成果，其中具有广泛影响力的学术著作，如:《人性场所——城市开放空间设计导则》克莱尔·库伯·马库斯著、《景观设计学》西蒙兹著、《西方现代景观设计的理论与实践》王向荣著等。与此同时国内许多设计师对彝族文化在景观设计中的表达也进行了大量的实践探索，由此开创了彝族文化与景观设计结合的新局面。但是对于理论研究领域的忽视，也间接导致了景观设计作品良莠不齐的局面。为突破这一困境，对彝族传统文化追根溯源成了必须面对的课题。结合本论文彝族“火文化”在景观设计中的运用研究为主题对彝族“火文化”做深入的挖掘整理。在文献的收集过程中吸取国内外最新的研究成果，主要归类于以下两个方面：一类侧重于“火文化”的理论研究，如《彝族史稿》方国瑜著、《彝族火神话与中华火文化——火文化发展史之探》唐楚臣著、《彝族祖灵信仰研究》巴莫阿依著，这些学术著作构成了彝族“火文化”研究的理论基础。这些著作阐述了人类历史中火的起源，以及由此生成的神话，还有被赋予的意识形态，同时对于火的象征意义也从人类学、考古学、美学等领域作出了解释。另一类是侧重于传统彝族民间工艺的应用研究，如由凉山州文化局编著的《凉山彝族民间美术》等，这些著作详尽地描述了从古至今“火文化”的起源与发展以及“火”的造型艺术演变，该著作系统地介绍了彝族民间美术特征，内容丰富多样，包括了建筑形制、服饰、漆器以及手工艺术。在此著作中，编者对于“火元素”在彝族民间美术中的运用做了详细的介绍，为接下来对于“火文化”的研究积累了丰富的素材。

除了对于经典著作的收集整理外，笔者也利用互联网的途径收集到大量有关研究主题的资料，其中对于主题的检索以知网文献检索为例：有关“景观设计”的文献 942 422 条，其中硕士博士论文 209 075 条，近五年 101 234 条；有关“彝族火文化”文献 29 809 条，其中硕士博士论文 9 827 条，近五年 5 023 条；有关“彝族景观设计”词条 28 条，其中硕士博士论文 19 条；有关“彝族‘火文化’景观”0 条。由以上的数据分析可以得出：对于景观设计以及彝族“火文化”的学术研究成果较为丰富，但是关于彝族传统文化与景观设计两者的交叉研究还是较为浅薄，而彝族“火文化”在景观设计中的运用设计研究尚处于空白阶段，因此对于这方面研究的尝试就显得至关重要。

1.3 论文的基本构思与主要内容

本论文从人类学与景观设计学的视角对彝族聚居区“火文化”在景观设计中的运用进行研究，对彝族“火文化”在景观规划设计中的营造策略进行总结，同时在此基础上完成一个设计创作来进行论证。全文主要由以下五个部分组成：

第一部分：阐述本论文的研究背景、研究意义与研究方法。

第二部分：探寻彝族“火文化”的根源与内涵及其对彝族社会日常生活的影响，并对由此而生发出的彝族传统造型元素的表现形式进行概括和总结。

第三部分：结合景观设计学原理对彝族聚居区景观设计现状做出分析，包括彝族“火文化”在景观设计中的意义、彝族聚居区景观设计中出现的问题。

第四部分：运用当代景观设计原理及相关理论，对彝族“火文化”在景观空间中的造型、材料、色彩、图案、技艺等方面的应用进行分析和研究，从而得出“火文化”在彝族当代景观中的设计策略，同时在此基础上完成一个设计创作来进行论证。

第五部分：对彝族“火文化”在当代景观空间设计中的设计趋势以及社会价值进行总结。

1.4 研究的目的和意义

彝族聚居区因其复杂的地貌与多元的生态环境，由此伴生出了多姿多彩的人文环境，塑造了彝族地区独特的景观艺术风貌。彝族地区的景观充分体现了独特的民族特征，引导人们深入理解彝族传统的设计美学和文化的实质。吸取彝族传统设计的精髓对于我们弘扬传统景观建筑文化，形成具有民族特征的景观空间艺术风格具有广泛的意义。

古人云“一法得道，变法万千”，通过对彝族“火文化”的研究与梳理，同时将彝族“火文化”

这一概念带入彝族聚居区景观空间的研究，我们可以深入地发掘和归纳那些存在于民族建筑中的文化特质，能够从中汲取营养。希望这一研究能为西南彝族聚居区乃至全国景观设计的理论探索和创作实践尽一份绵薄之力。

1.5 研究方法

本文是以我国西南地区彝族“火文化”为主题的景观设计研究，在对这个课题进行研究之前，笔者查阅了大量关于彝族传统建筑以及传统装饰元素的文献，收集了海量的图片，同时多次往返于四川、云南进行实地田野调查，经过反复的论证、筛选、提炼，总结出了彝族“火文化”元素的设计特点及其在当代彝族景观设计中的运用。

本论文在写作过程中主要运用了以下几种研究方法。

1.5.1 文献研究法

在大量的彝族文献资料的收集和整理中，笔者对彝族“火文化”的内涵有了新的理解，认识到彝族“火文化”与其他民族的文化发展有着相似性，同时对于彝族的传统文化以及艺术表现形式又有了新的认识。因此，在研究过程中采用了历史学、人类学的观点来对彝族“火文化”与其他民族的文化作横向对比、分析和判断。

1.5.2 田野调查法

笔者亲自深入彝族聚居区：四川凉山、云南楚雄等地区，对当地典型的彝族景观设计中诸如传统景观、建筑、城市家具进行测量、走访；到当地博物馆进行参观、学习；与当地的彝族文化学者及居民进行交流，拍摄了大量的图片，做了丰富的考察记录。

1.5.3 案例分析法

选取具有典型彝族风格的景观设计，如凉山民族文化艺术中心对其设计背景和设计理念进行整体分析，从观众的立场上去感受彝族传统文化如何塑造景观空间，从学术研究的角度去审视景观空间的营造，归纳总结出设计案例的得失，从中总结出彝族景观设计实践中应该注意的问题。

2 彝族“火文化”的主要内容

2.1 彝族“火文化”发展的背景

2.1.1 火在人类历史发展中的意义

火在人类的发展进程中起着“催化剂”的作用，人类在学会使用火的那一刻起就决定了与其他动物有了不一样的命运。火改变了人类茹毛饮血的生存状态，经过火加工后的食物使人类的身体素质得到提高，由此而区别于自然界的其他动物。恩格斯在《劳动在从猿到人转变过程中的作用》一文中指出："肉类食物引起了两种新的有决定意义的进步，即火的使用和动物的驯养。前者更加缩短了消化过程，因为它为人类提供了可以说是已经半消化了的食物……" 从远古狩猎时代迈进传统的农业文明，始终贯穿着火的身影。熊熊燃烧的火焰散发出的能量驱赶了寒冷和疾病，火焰因此成了太阳的象征，照亮了人类前进的道路。

无论是东方还是西方，火都与氏族的兴旺、传承有着密切的联系，这就是所谓的"薪火相传"，火象征着正义、光明、力量与温暖。公元前 2 000 年在古希腊的迈锡尼宫殿的中厅就有一个火塘，顶上有一个专门的排烟孔洞，这是现存最早的人类在居住空间中利用火的遗迹。古希腊、古罗马的建筑与装饰题材总是与人类的生活息息相关，因此人类利用火的题材也在当时的雕刻和壁画中呈现了出来。

2.1.2 彝族"火文化"的发展脉络

2.1.2.1 彝族火的神话

列维・斯特劳斯曾说过："神话是一种在很高层次上活动的语言，在这一层次上，意义成功地离开了它赖以滚滚前进的语言基地。" 在许多神话传说中，暗喻着人们对于自然世界的理解，我们在关注这些神话传说的时候不应该只是注重其情节，而应该关注在这些神话传说中隐藏的信息密码。

有关火的来源，在许多民族的传说中都有所体现。满族的盗火神话中讲道："最初人间是没有火的，真火存在于天上，到了秋季，一个名为阿布凯恩都里的天神率领八部天神视察人间，在巡视期间它带来火，供人们享用一天。当时，天神总认为人间不会用火，怕神创造的世界被人们给烧毁。所以无论人们怎样请求，它都不肯把火种传下来。后来，一个名叫托阿的英雄出现了，当他被天神召到天上时，先是把石头凿出洞，又把偷来的天火火种装入石块，就这样想了各种办法把天火带到人间。终于有一天托阿被天神派到人间修行宫，这时他把早就准备好的装有天火火种的石头带到人间交给人们，还教会了人们取火的方法，即碰磕石头取火的办法。

古人对取火技术的传说反映在了上述类似的神话中，虽然版本各式各样，但都体现出了人们对取火技术起源的丰富想象。据记载，关于古人取火技术来源的传说大概有以下两种：一是火来自石头，火是从岩石里生发出来的，采用岩石和铁击打生火，或者岩石和岩石相撞生火。二是火来自天上，不论是英雄盗来的火，还是神赐的（包括祖先神和天神）。在彝族群体中关于火渊源的故事传说主要体现为神灵的赐予（图 2–1）。在彝族的民间传说《阿细的先基》中说："天上打起雷来，有一样红彤彤的东西，从天上掉下来，这样稀奇的东西，人们从来没有见过。夕占娘和儿子们，在旁边的树蓬里，

图 2–1　毕摩绘画中的火神话

折了些小树枝，拿来撬老树，撬着橇着嘛，撬出火来了”。在凉山彝族的史诗《勒俄特依》中，有这样的描述：洪水泛滥后，人类祖先居木武吾娶恩梯古兹之女兹俄尼托为妻，生下三个儿子都是哑巴，一家人极为伤心。后来，聪明的天雀在天庭中听到了医治哑巴的秘密，是将竹子拿来放在火塘中烧，然后用烧过的竹子烫，三个儿子才能说话。于是武吾尝试了这个方法，三个儿子真的都说出了话，并成了彝族、汉族、藏族三个民族的始祖。

关于火神话的类似传说有很多，这些都体现了彝族先民整体认为火来自神灵，而人们取得火的方式普遍都是摩擦生火。通常这些关于火的传说被口口相传的人们注入大量的主观成分，但这些内容在日常生活中都有迹可循。

2.1.2.2 彝族火的崇拜

有关人类利用火的起源总结起来通常有以下几种说法：其一是从天神那里偷取火源，意指人与自然的抗争；其二是天神赠与人火源，暗喻人受到自然的施舍，人与自然之间和谐的关系；其三是动植物给人类带来了火种，这样能够引申出远古人类对于万物有灵的图腾崇拜渊源。一方面火能够给人们带来光明温暖，抵御野兽和疾病的侵袭，但是另一方面火也会毁灭山林，焚毁人类的物质财产。这就导致了人们对火的崇敬与畏惧的矛盾心态，彝族先民基于这种既爱又畏惧的复杂心态衍生出了对于火的崇拜，由此而产生了火神的概念，同时伴生了敬火仪式。

在中原地区也广泛存在对于火的崇拜，《左传・襄公九年》中记载：“陶唐氏之火正阏伯居商丘，祀大火，而大纪时焉。相土因之，故商丘主大火。”元代侯有造《阏伯台纪略》记载：“伯，大官，掌火星，行火正，后世以为火神。”《商丘县志》记载：“阏伯，高辛氏之后，封商丘，为火正，主辰星之祀。”在中国的很多朝代都有一个专门管理火的官职——“火正”，不光管理火种，同时也兼观测火星的运行轨迹，“火正”是一种非常神圣的职位。

彝族对于火的认知与崇拜方式在不同的历史时期演化出不同的形态。这种形式大致可以归纳为三种，首先是人们对于自然界实物的尊崇，其次是对于实物的抽象，转化为意识形态中万物有灵的虚体崇拜，最后演化为对于祖先魂灵的祭拜。彝族远古的祖先认识到火对于日常生活的意义——成了不可或缺的一件事物，由此生发出感激与崇拜之情。同时火的功能具有利与弊，由此彝族先民在这一基础之上赋予了火以人的喜怒哀乐的性格。火由此变为了和人一样具有思想和情感的“神灵”。彝族人认为火具有无比大的力量，因此上升为神灵崇拜的高度。

彝族的祭司毕摩、苏尼认为火是由天起源的，然后在地上燃烧。在彝族人的观念中，火已经由一种自然现象升华为具有人格特征、具有超自然物的神性，最后被演绎成了无形的神。火塘、锅庄石、铁脚架以及火把这些和火具有密切关系的物件，同时也附带了灵性，因此也享有崇拜的地位。彝族在进行宗教法事的时候，供奉神灵的物品都会象征性的在火塘上熏炙一下，通过火来驱除不净的东西。

2.2 彝族社会生活中的“火文化”习俗

2.2.1 火塘文化

彝族把自然中的火引进住居建筑中形成了火塘，它的基本功能是为居住其中的人提供热量和光明，方便人们生活所需。在社会发展的过程中，火塘的功能性作用得到了延伸，被隐喻了更多的精神内涵。彝族居家生活空间的中心是火塘，彝族在空间营造的时候对于火塘的建造也是十分讲究的，在正房横向三分之一处设置火塘。彝族的火塘造型比较简单，通常情况下采用三块锅庄石作为支撑，下设一个圆形的凹坑。彝人奉火塘为至圣之物，通常情况不能随意移动位置。火塘上方架设的锅庄石雕刻着精美的图腾纹样，对应着不同的神灵，象征着平安吉祥。彝人的火塘同时也是“火文化”的核心载体，在族群社会中具有举足轻重的地位。围绕火塘构建起的空间场所形成了彝族文化的载体，同时也是一个家庭繁荣昌盛的象征。彝族人认为火塘是汇聚人气与灵气的地方，因此火塘就成了居家空间的心脏，最为尊贵的地方，一个火塘就代表着一个家庭，因此火塘又被誉为“火的房子”。

火塘是彝族家庭的精神象征，彝族人相信家族的命运与火塘有着紧密的关联，火塘中火的熄灭和燃烧与家族的兴旺和发达具有关联性。彝族的各种祭祀、祈祷也都是围绕着火塘而进行的，形成了彝族人重要的宗教活动场所，每次宗教活动完成后，人们都会在火塘边作忏悔（图 2-2）。彝族火塘是彝族人灵魂出发与往返的驿站，具有循环往复、天人合一、回归自然的哲学意味，它是彝族物理空间的精神原型，在此基础上派生出彝族各种环境空间观念。

图 2-2　彝族祭司在火塘举行祭祀仪式

2.2.1.1 火塘火神与祖先神灵

火对于人类的意义，正如弗雷泽在《金枝》中揭示的那样：“民间认为篝火与火力能够消除一切灾害和不幸。篝火是用来驱除邪恶的，因而是一种巫术，这一点有重大意义。人们再三告诉我们，点燃篝火的意图是要烧掉或驱除邪恶，有时在火中烧化妖恶的偶像，更是形象地表明了这种意图。”

自古以来，火塘与彝族人相伴相生，火塘在彝族人的生活中具有举足轻重的地位，他们认为火塘是火神的居所，是祖先魂灵停靠的港湾。火在日常生活中具有不可或缺的神圣性，成了他们精神世界的神物，被彝族子孙尊崇祭祀，成了彝族人的一个精神坐标。

火塘对于人们日常生活的介入逐渐转化为思维信仰中的神灵群体。这些停靠于火塘空间的众神，包括了火神、灶台神以及彝族的先人魂灵，与后世的子孙们保持着意念上的沟通，活人与逝去的先人通过火塘这一场所达到精神上的关联，这些寄居火塘的祖先神灵时刻关注着他们子孙的生活状态并为其提供佑护。

2.2.1.2 火塘与彝族的家居生活

彝族人日常的生活起居、饮食、社交都离不开火塘这一场所。火塘最基本的作用是煮制食物。因为高山地区冬季漫长，火塘也有取暖的功能，同时也兼具了室内照明的作用，彝族人认为火塘应该常年保持燃烧的状态。

火塘作为彝族聚会迎宾的地方，是理想的社交场所。火塘的位置也被赋予了很多象征意义，不同年龄与身份地位都有特定的位置，不能乱入。与此同时，这种空间秩序的伦理逻辑同样也适用于火塘空间的社交礼仪：主人与宾客，老幼尊卑都有各自对应的位置。入室正对大门、在堂屋正中间的是客人的位置，由德高望众的人拥有，然后才按辈分秩序安排，位置次的通常是地位最低或者年龄最小的位置。通常在彝家做客，主人会安排客人坐最好的位置，主人陪在客人的左侧，家庭成员或者小辈坐在客人的对面靠近门的地方，这种伦理秩序是不能混淆的。屋主人家庭成员的房间分布也很讲究，子女房间，客间都是以火塘为中心而进行的主从秩序的划分。这种严格的长幼尊卑秩序与彝族的意识形态以及社会组织方式有密切的关联，从彝族火塘的围坐秩序中就能窥见彝族社会等级及组织方式（图 2–3）。

图 2–3 围绕火塘的彝族居家生活

2.2.2 由“火”而生的舞蹈

在彝族日常生活中处处闪现着火的身影，崇拜火的观念渗透在日常的歌舞娱乐活动中。四川凉山地区的彝族人在节庆聚会的时候热衷于跳一种叫“都火”的舞蹈。女孩们撑着伞，牵着方巾，以篝火为中心围成一圈，且唱且舞（图 2–4）。彝族青年们在舞蹈中传唱着民族歌谣，通过舞蹈这一集体活动形式感受前人的丰功伟绩，起着传承文明、教育后人的作用。在四川和云南的彝区，即兴对唱等交互活动中也是一种文化传承的体现，人们在日常生活中乐于串门相聚在火塘边喝转转酒。彝家婚嫁迎取也充满着火的味道，新娘的许多嫁妆包括了火盆、火扇、火炭等，通常染成红色，而火碳则用红纸或红布包着，象征着婚后生活红红火火、幸福美满。

图 2–4 节庆聚会上的彝族舞蹈

2.2.3 火把节

火把节为农历的六月二十四，又称为六月节，是彝族最重要的节日之一。火把节是一个以火为主具有祭祀性色彩的节日，届时会有很多庆典活动，每家都会用牲口来祭祀火神。同时会组织举办赛马、斗牛、斗羊、选美、摔跤等丰富多彩的民俗活动，由此来祈求风调雨顺，家庭幸福。在彝族语言里火把节被称为“都再”，“都”意为“火”，“再”意为“祭”，火把节即为“祭火”之意。由此可知，火把节即为祭火节日，火把节是源于彝族祖先对于火崇拜的一种外在表现（图 2–5），是彝族对于火崇拜的具体表现，是火作为一种文化形态的完美演绎。

图 2–5 彝族火把节

由于彝族分布广，遍布广阔的西南地区，因此不同地区支系的彝族对于火把节的称谓和风俗活动就有所不同，如在云南中部地区的彝族把火把节称为“莫者列”，不过在整体庆祝方式和时间节点上还是较为统一的。

2.3 彝族“火文化”的表现形式

2.3.1 彝族图腾

图腾是人类文明发展过程中的一种文化现象，在世界每个族群的文明史上几乎都能够找到关于图腾崇拜的历史线索。人类社会早期，生产力低下，在残酷的自然界中处于弱势，因此要借助一种“神力”生存下来，而图腾就成了原始社会中一种超自然的力量，是部族的心理依赖和精神象征，成了人与自然神灵之间沟通的一种媒介，因此以图腾为表现的艺术现象背后的根源是对于自然的崇拜。

彝族人对于图腾的崇拜，同样是基于对事物背后那些神秘力量的膜拜，这种行为具有明显的巫术情节。彝族信仰一种带有萨满教性质的自然宗教，宗教和图腾在艺术中融为一体。在图腾崇拜的影响下，彝族的艺术设计中有很大一部分装饰内容及造型元素直接源于彝族的图腾图案。图腾是表达宗教思想的载体，是宗教思想的具象演绎，通过图腾艺术来传播其思想内核，同时在这一呈现的过程中对于彝族群体的民族认同感发挥了极大的促进作用，因而体现了民族文化的完整性。

由于民族文化的差异性，导致了艺术风格的多样化，这种差异性是由其所处的自然环境、历史人文、精神信仰等因素决定的。彝族的图腾造型因呈现了这些丰富的内容而具备了独特的魅力（图 2–6）。

图 2–6　彝族火图腾

2.3.2 图案纹样

人类学家普列汉诺夫曾说：“所有一切具有几何图形的花样，事实上都是一些非常具体的对象的简约，有时甚至是模拟的图形。”彝族对于图像的处理有多种手法，许多图形采用比较具象的手法保留了具体的对象；有的图像进行抽象简约的几何化处理，虽然是简略的平面化，但是仍然能够从中看出其原始的特征；而有些图像只是采用了描述对象典型的局部方法来代替整体的意象。如果只停留于表面的视觉形象而不进入彝族的文化语境中来解读这些图案符号，至多是一团乱麻。

2.3.2.1 太阳图案和火焰图案

太阳的形象在人们看来就像是一个燃烧的神秘火球，由于和火具有同样发光发热的物理属性，人们不自主的会把火和太阳关联起来。德国学者利普斯认为："一切对火的崇拜都起源于对太阳崇拜，但其形式是多种多样的……火时常是太阳的代表。"在彝族的世界观里，火和太阳同样存在着十分密切的关系，很多时候火就等同于太阳，在彝族人的日常装饰艺术中创作出了许多火与太阳的图案，如在云南彝族服饰中女长衫的后摆、肩峰、袖头这些服饰部位常常补绣许多火焰图案。云南花腰彝人的服饰也是在长衫尾部等部位配上红白相间的火焰图案，同时在肩部绣上锯齿状的圆形太阳图案，在后背用五色布条缝合出彩虹带，象征着阳光照耀大地（图 2–7）。

彝族还有一种典型的太阳纹叫作铜鼓纹，铜鼓纹主要用于彝族的一种传统乐器铜鼓身上，铜鼓身上装饰有精美的太阳纹图案，鼓身四周有向外辐射的角状或针状图案，这种被称为"芒"的纹样形态，寓意着太阳散发出来的光芒。太阳纹的发展也是由具象逐步发展为抽象，其中经历了口饼形、葵花形、星形、日光形等诸多形态的发展和演变，太阳纹样衍生出丰富的变体（图 2–8）。

图 2–7 彝族太阳纹

图 2–8 彝族铜鼓

2.3.2.2 火镰图案

火镰纹因其形状源于彝族先民使用的取火工具火镰，因此称作火镰纹。彝人视火镰为火神的象征，火镰图案是彝族最为喜爱的图案，在彝族的工艺美术中也是运用得最广泛、出现频率最高的纹样。火镰纹的形状呈回旋状或者几何钩状，这种形态与汉族的"日形纹""回形纹"的形状有许多相同的特征，同时"日"也寓意着太阳，这样从字和形中都能体现彝族人崇尚火的意识。在一些传统节日与盛大的活动中，彝族女子身着装饰火镰图案的服饰，再配上红色、黄色、黑色，把火的形象展现得淋漓尽致（图 2–9、图 2–10）。

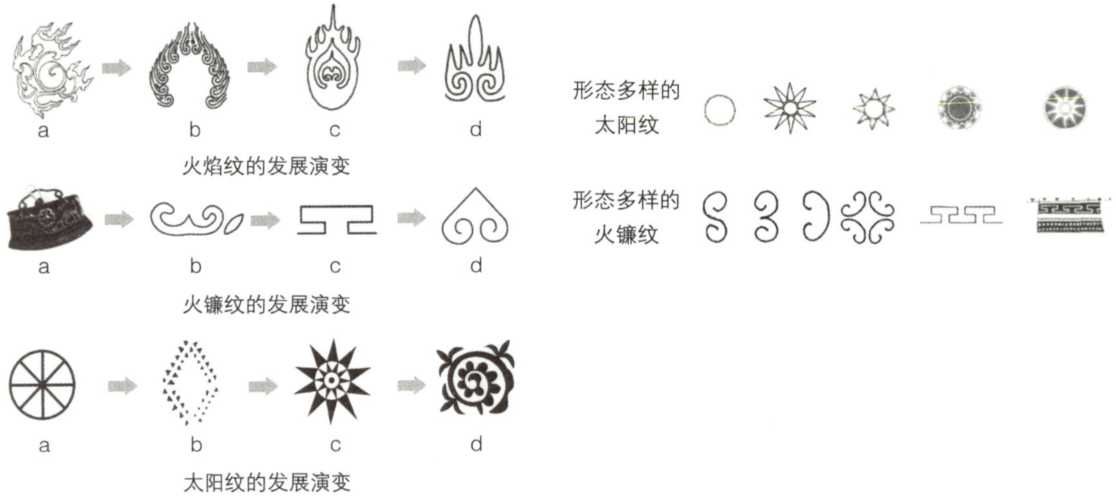

图 2-9　火纹样形态、演变过程

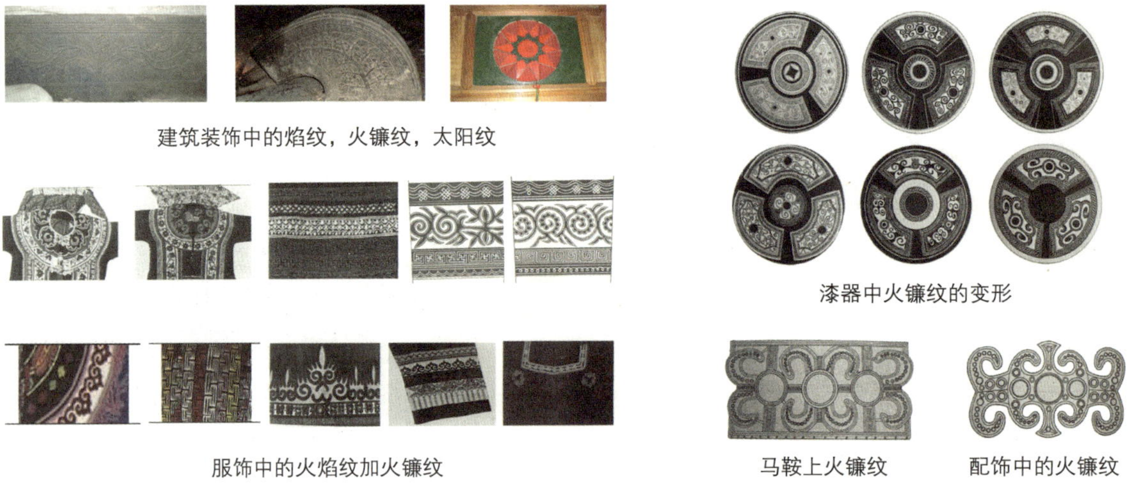

图 2-10　火纹样在彝族设计中的应用

2.3.3 色彩

人们对于色彩的心理认知具有普适性，正如白色代表着光明，黑色就象征着夜晚，红色通常给人的感受就是刺激、血腥、暴力、警示，让人联想到动物的血液，同时也联想到生命，在东方文化语境中红色又代表着喜庆、好运等意向。太阳、火焰在色彩的直观感受中为红色和黄色，火的形象在彝族语境中象征着力量，被赋予勇敢意义。

在彝族的日常生活之中，红色主要应用于服饰、建筑装饰以及手工艺品中。在现代色彩学中，红色在整个色彩体系之中具有极强的视觉刺激感。在彝族漆器的色彩装饰运用中，通常使用大面积的黑色，然后在其上运用红黄二色作为点缀，使得漆器拥有生动艳丽的视觉快感。这种高明度的黄色与低明度的黑色相搭配具有很好的色彩空间效果（图 2-11、图 2-12、图 2-13）。

图 2-11 红色在服饰中的运用

图 2-12 红色在建筑装饰中的运用

图 2-13 红色在漆器中的运用

2.3.4 火塘空间

在彝族民居中，通常进入堂屋的门开在堂屋的左边，由入户门进入堂屋。火塘位于堂屋的右侧，火塘正对的是主人房间，在彝语中被称为尼摩，火塘左侧为主人儿子的房间，通常是在儿子行了成人礼后还未成家之前的卧室。右侧房间为女儿行完成人礼同时还没有出嫁前的卧室。儿子的卧室旁边为客卧，通常作为奴隶和客人的居所。以尼摩为中心的左右都是围绕着子女的卧室及客卧，同时开门的朝向均一致朝向火塘。堂间的其他区域围绕火塘放置各种家具。

每一个火塘代表着一个家庭，火塘的意义在彝族人心中不仅只具备实用功能的意义，同时在这一基础之上延伸出更多的精神意义。彝族的环境空间概念是以火塘为中心而向外延展的，这种空间概念包括了物理的现实空间和虚拟的精神空间。在物理空间中，以火塘为中心分布生活空间，由此再向外扩展为呷泼和哈库，继而再向外延伸为房屋的墙体，乃至庭院空间。这样以火塘作为中心点，形成了围合结构与空间组织呈发散的趋势向外部延伸的建筑环境空间。

彝族三间式的平面空间布局主要是基于彝族典型的杈杈房和草房建筑形制，这一阶段建筑平面为统一的大空间，建筑平面空间之中没有内部隔墙做绝对的分割，但是日常生活与社交活动都在这一大空间中，所以功能分区又做了重新的规划。彝族的建筑空间形制由生土与木构架混合组成，后来发展到高级阶段的木构件瓦板房时平面功能分布就更加明确了“一堂两侧间”的空间布局。这种平面分割方式明确了生活、生产以及社交空间的布局，同时在每个大空间中又进行了更加细化的平面功能划分（图 2-14）。

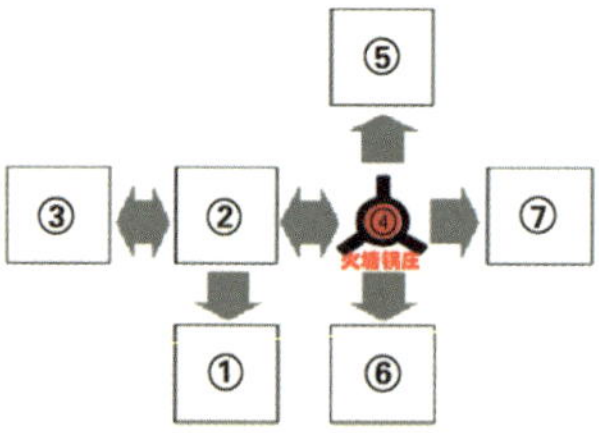

① 入户门 ② 堂间 ③ 呷泼 ④ 火塘锅庄 ⑤ 儿子卧室
⑥ 女儿卧室 ⑦ 哈库

凉山彝族住居室内平面单元关系图示

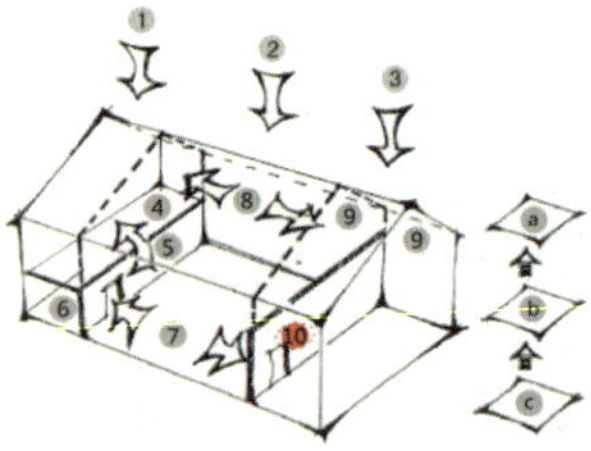

① 呷泼 ② 堂间 ③ 哈库 ④ 呷泼二层 ⑤ 呷泼与堂屋
半隔离墙 ⑥ 呷泼一层 ⑦ 入户门 ⑧ 上部贯通空间
⑨ 玛笃悬挂处 ⑩ 火塘锅庄
ⓐ 神灵空间 ⓑ 自然资料空间 ⓒ 人物空间

凉山彝族住居室内空间组织图示

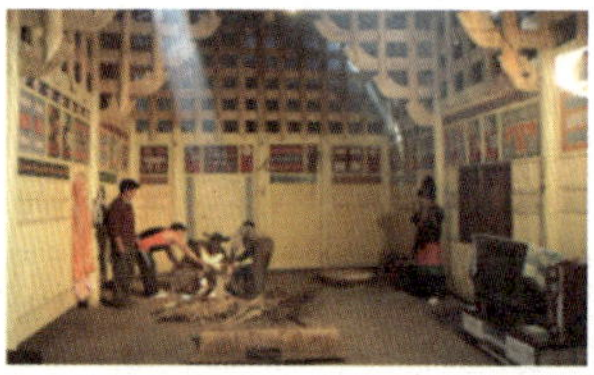

凉山彝族住居空间

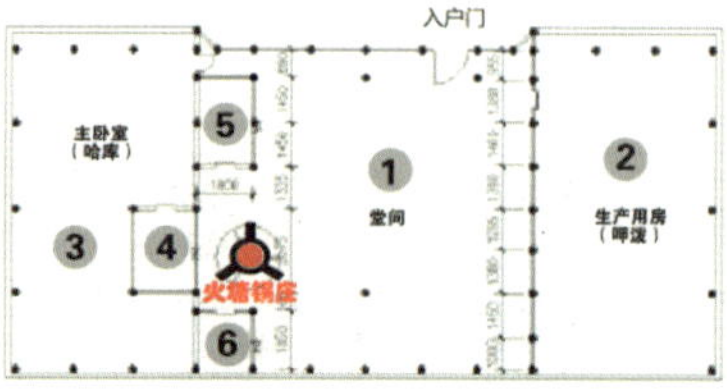

① 堂间 ② 呷泼 ③ 哈库 ④ 尼摩 ⑤ 女儿卧室
⑥ 儿子卧室

凉山彝族住居室内空间单元图示

图 2-14　火塘对彝族传统建筑空间的影响

3 彝族聚居区景观设计概况

3.1 景观设计概述

3.1.1 景观的概念

景观是一个十分宽泛的概念，不同专业都有从自己的专业领域对此进行过不同的阐释与定义，譬如在地理学上的定义是指物质在地球空间上的组合，是人类在自然环境中活动时留下来的痕迹。《辞海》中对于景观的解释："一、风光景色。如居屋周围景观甚佳自然景色特定区域的概念专指自然地理区划中起始的或基本的区域单位，是发生上相对一致和形态结构同一的区域，即自然地理区类型的概念类型单位的通称，如荒漠景观、森林景观等。二、地理名词。（1）地理学的整体概念：兼容自然与人文景观；（2）一般概念：泛指地表景观学中主要指特定区域的概念。"同济大学的刘滨谊教授在其译著的《图解人类景观》序言中对景观做了这样的解释："作为景观建筑学的专业概念，经历了一个从无到有、从小到大的过程，首先从荒地到有景物、花园、公园、城市绿地、风景名胜区再到大地景观的过程。"当代著名景观设计学者俞孔坚在其《景观设计学发展与实践》为主题的演讲中也对于景观做了充分的诠释："景观不仅仅局限于贵族的花园和风景旅游区，更大程度上是大地的综合体，包括生态系统、道路系统、建筑等，归根到底是土地的概念。"

自 20 世纪初奥姆斯特德在哈佛大学建立景观设计学专业以来，景观设计作为一门艺术与科技相结合的复合型学科，在其一百多年的发展中得到了突飞猛进的发展。

3.1.2 景观的类型与构成要素

3.1.2.1 景观的类型

景观作为一种延续地域文脉，体现某一区域人文历史和自然风貌的遗产类型，不同的区域有不同的风貌特征，同时景观作为一个来自西方的概念，当代景观设计语境多受西方思想的影响，但我们也要结合自身的历史、地理文化的理解，来对景观做类型上的划分，因此从宏观的层面上可以将景观分为：1. 设计景观；2. 遗址景观；3. 场所景观；4. 聚落景观；5. 区域景观等。同时在区域景观中也可以按照文化资源的类型与构成要素又可以分为风景名胜区、文化走廊以及文化遗产区（3–1）。

3.1.2.2 景观设计的构成要素

在学术界，景观设计的构成要素通常可以分为两种：一种是物质系统构成要素，另一种是价值系统构成要素。物质系统构成要素是一种以物质载体为媒介在人类社会历史中传承的，其包括了自然要素以及人的活动痕迹，如山川河流、植被花卉、建筑、桥梁、雕塑等，可以总结为人的行为、建筑、空间、结构、环境。而价值系统构成要素就是景观中物体所表达的意识形态或者设计理想，其中包含了历史文化、风土人情、风俗习惯等，与人们社会活动与思想意识有密切的关联。价值系统构成要素影响着一个区域的景观风貌还有当地人们的社会活动。

因此，物质系统构成要素是载体，而价值系统构成要素在景观中居于核心地位，景观设计中的整体风格取决于价值系统构成要素，而由其物质系统构成要素来得到呈现。

表 3–1　文化景观类型与构成分析表

类型	主要构成要素	
	物质系统	价值系统
设计景观	建筑：历史建筑、构筑物 空间：空间构成、空间形态 结构：空间结构、景观结构 环境：山水环境	人居文化：生活理念、生活文化 历史文化：历史背景、历史人物 精神文化：审美情趣、艺术风格、文化观念
遗址景观	建筑：建筑遗址、遗迹 环境：自然环境	历史文化：历史背景、历史事件、历史人物 产业文化：产业历史、产业发展、产业特征 精神文化：文化观念、精神信仰
场所景观	行为：行为模式、节庆仪式、传统技艺 空间：空间形态 环境：自然环境	人居文化：地方习俗、生活理念、生活文化 历史文化：历史沿革 精神文化：文化观念、精神信仰
聚落景观	行为：日常行为、节庆仪式、传统技艺 建筑：历史建筑、乡土建筑 空间：空间构成、空间形态 结构：空间结构、景观结构 环境：山水环境、田园风光、绿化植被	人居文化：地方习俗、生活理念、生活文化 历史文化：历史沿革、历史事件、历史人物 产业文化：产业历史、产业发展、产业特征 精神文化：文化观念、审美情趣、精神信仰
区域景观	建筑：历史古迹、建筑遗址、遗迹 结构：区域布局、景观结构 环境：山水环境、区域环境、绿化植被	历史文化：历史背景、历史事件、历史人物 产业文化：产业发展、产业特征 精神文化：文化观念、精神信仰、审美情趣

3.2 彝族“火文化”在景观设计中的意义

3.2.1 形成可续发展与开放形态

人们在物质水平提高以后就会对所在的居住环境提出一些要求，其中包括景观设计的美学与文化品味。经济水平的发展带来了城乡建设的蓬勃发展，其中景观设计作为彝族地区风貌建设的重要环节，对于改善城乡面貌具有重要意义。彝族文化是彝族日常生活的体现，包括了审美、生活行为，同时也间接地反映出彝族的性格与精神，而这些宝贵的民族文化资源，是彝族面向未来发展的源泉，是难以磨灭的民族记忆。彝族是一个在中国乃至在世界都有着广泛影响力的民族，兼收并蓄地吸收了其他民族的文化，也同样影响着其他的民族。彝族的文化是多元且开放的，彝族表现着璀璨的文化，在其历史发展的脉络中，创造并传承着自己的文化，其中彝族“火文化”在景观设计中就能得到体现。

3.2.2 凸显民族特征与文化内涵

吴良镛先生曾经说过：“特色是生活的反映，特色有地域的分界，特色是历史的构成，特色是文化的积淀，特色是民族的凝结，特色是一定时间地点条件下典型事物的最集中最典型的表现，因此它能引起人们不同的感受，心灵上的共鸣，感情上的陶醉。”地域人文环境与城市环境的融合是当今时代的主题，也是未来的发展趋势，要创造宜居和谐的城市环境，一定要根据城市的规模与地域文化进行量身订制。由此可见，自然环境对于城乡发展具有很大的影响。在广阔的西南彝族地区，有着形态多样的高山大川，独特的自然地理条件是其他地区无法比拟的。

在近 30 年的发展中，彝族地区的社会也有很大的变化，彝族地区的城乡面貌经历了天翻地覆的变化，虽然在各个方面都有长足的进展，尤其是生活方式的转变，但是城乡景观风貌的发展却很难用成功来形容。在彝族地区的城乡景观设计中赋予其民族性，首先应该增强对彝族文化的理解，理清彝族文化和自然的关系。基于此运用典型的彝族装饰元素，使人直观地感受到民族的特色，有助于彝族文化的传播，塑造有特色的城市形象，遏制彝族地区城市风貌模糊不清的趋势（图 3–2）。

图 3–2　凸显民族特征与文化内涵的彝族景观建筑

3.2.3 延续景观文脉与历史对话

一切决定景观的产生、发展及景观形态的显形的、隐形的东西，都可以列入景观文脉的范畴。城市的文脉是景观文化观念的自然延伸。在景观设计中强调文脉主义，就是要强调景观是整个城市景观的一部分，注重景观在视觉、心理以及环境上的沿袭，而景观设计在传承历史、文化的同时又反过来影响并支配着文脉的发展。

景观是人类历史文化活动的产物，一城一地都具有自己独特的景观风貌，因此又担负着该地展现历史文化风貌的使命（图 3–3）。在彝族传统世界观中讲求尊崇自然的思想，这与儒家“天人合一”的精神内核十分契合，彝族所崇尚的造型要素象征着他们对生存土地炙热的爱，同时也体现了彝族对生态平衡的重视，如彝族所崇尚的“红”“黄”“黑”三色就是这种价值观的贯穿，因此彝族“火文化”就源自彝族生活的自然环境。

图 3–3　延续民族文脉的彝族当代建筑

3.3 彝族当代景观设计出现的问题

3.3.1 民族识别性的模糊

随着现代社会生产方式的发展，彝族地区也改变了传统刀耕火种的原始生产，转向现代化的生产模式，逐渐融入城市化的进程中。生产生活方式的改变致使彝族文化赖以生存的土壤发生了改变，彝族自己的文化在城市化进程中遭到了冷落。伴随着“大跃进式”的城市建设而出现了诸多城市问题，其中较为典型的就是景观风貌的雷同、缺乏识别性这一全国性的通病。景观是一个地区独特与魅力的展示，是传承和发扬城市地域文化的媒介，但是在当代彝族地区的城乡建设中，彝族文化却严重缺位。在景观中重视彝族文化资源的研究和应用，方能展现出彝族地区的魅力。

3.3.2 缺乏精神内核的表皮拼贴

彝族地区现代化发展非常迅速，同时也暴露出其他国内城市建设出现的共同问题，就是在城市景观的形态设计中缺乏统一的规划，城市空间形态随意，建筑景观追求所谓的时尚、个性，出现了许多奇怪的建筑形态与恶俗的色彩，给景观造成了极大的破坏，影响了景观风貌的和谐，违背了彝族地区的传统造型设计原则，缺乏审美标准，只是流于表面的形态模仿而缺乏精神气质的内核。如果要建设有地域特色的景观空间，就要先对这些问题进行修正（图 3–4）。

图 3–4 缺乏精神内核的现代彝族建筑

3.3.3 “拿来主义”以及“教条主义”泛滥

景观设计中传统民族造型元素的运用，对于塑造景观特色风貌有着至关重要的意义，同时也是一个民族文明与自信的象征。全球化的浪潮与对外开放的政策打破了彝族地区原本闭塞的面貌。国际主义风格在中国设计界产生了巨大的影响，很多地方建筑及景观设计出现了一些崇洋媚外的现象。一个地区景观设计能够真实地反映这个地区的时代精神。西南彝族地区很多景观设计中，为了追赶所谓的“先进、高端、品味”不约而同地落入山寨欧美风情的窠臼，一味地引入那些恶俗的国际主义，而本土文化却沦为鄙弃的老妪。城市的现代化无法避免引入新技术、新材料、新思潮，但是只要把这些新的东西利用好，同样也能营造出具有本土风情又兼具有时尚气息的景观。

4 彝族“火文化”在景观设计中的探索与表达

4.1 彝族“火文化”在景观设计中的载体

彝族“火文化”意境的景观构成主要是通过对于景观设施以及周围环境的规划设计来实现的。景观设计是以地形地貌为基础，通过各种景观设计要素的组合来实现对主题文化的营造，其中包括了建筑物、水体植被、景观小品、道路交通等。自然地理环境是景观设计的基础，在景观设计初期做好充分的调研，这是实现其功能的充分保障。

4.1.1 地面铺装

地面铺装是景观设计的一项重要内容，除了能满足高频率的摩擦与踩踏外，还有导视、装饰等功能，地面铺装在起到很好的装饰效果的同时，也是主题文化的重要载体，通过对材料肌理、图形纹样的运用，实现彝族“火文化”的表达。

彝族聚居区的景观中，很少有复杂多样的地面铺装，通常都采用古朴的青石板铺路，无论在街巷，还是在公园中，青石板路具有独特的历史韵味。经济的发展带来了技术的革新，各种新技术、新材料层出不穷，这为“火文化”的多样表达提供了更多的可能，除了传统的青石板外，还有木、砖、砂石以及金属都成了铺装的材料。设计师通过整体的布局与图案的设计，提高了铺装的装饰性、主题性与导向性。在图案的设计上，需要在材质、颜色、拼接方式上形成科学的管理，达到最优化的方案。在塑造彝族“火文化”景观材料的选择上，设计师应尽量讲求就地取材，在充分表达彝族“火文化”内涵的同时，又能降低能耗与环境污染。采用传统彝族“火文化”与现代技术相结合的表达方式，例如西昌民族风情园的地面铺装，采用卵石与砖组合成古典的火草纹、太阳纹、火镰纹以及传统字样的形式，火把广场的地面设计，以太阳纹为造型元素，能够很好地反映彝族“火文化”的丰富内涵（图 4–1）。

图 4-1　火纹在地面铺装中的运用

4.1.2 雕塑

雕塑是彝族“火文化”景观的重要组成部分，是“火文化”精神最为直观的表达，因形象、直接、通俗易懂的特点成了阐释主题的重要手段。雕塑在文化景观中的标志作用，能很好地传达彝族独具韵味的文化。雕塑具有直接而强烈的艺术张力，因此在雕塑设计中关于主题的选择就显得十分必要，尤其是对于造型、材料的选择等都应该注意主题的表达，注意彝族文化的特质，在一定的场所中塑造可视化的艺术形态，使得精神文化转移为物质文化。景观雕塑不同于纯艺，所以应该结合景观的各种要素，如植被、地面铺装、景观小品等的协调性。例如在关于彝族主题的景观雕塑中对于“火文化”的表现通常是运用火的形态，以这种直白的拟态方式，来表达彝族“火文化”的内涵（图 4-2）。

图 4-2　具有火元素的景观雕塑

4.1.3 公共设施

公共设施是景观中必不可少的内容之一，同时也是景观文化主题的重要载体。公共设施的内容很多，其中包括座椅、廊架、路灯、垃圾箱、电话亭、公交站、花坛、导视牌等，这些都是景观设计需要涉及的内容。

一个设计作品的存在必须有其使用价值，而公共设施必须满足这种使用价值，在满足此基础之上还应该有文化传承性等多种意义，这是当代设计中所认同的主流价值，最后才是装饰性。装饰性依附于功能性之上，能够体现设计师的审美趣味，增添其在传播过程中的情趣。例如西昌市路灯的设计、候车亭的设计采用火纹的图案造型与色彩，彰显西昌市作为彝族自治州的地域文化特色。设计师在进行创作的时候，应该充分地考虑大众，同时也应该考虑特殊人群的需求，符合无障碍的设计规范。在进行设计的同时也要追随时代，大胆地使用新材料，避免照搬符号，导致其呈现生搬硬套的状态（图 4–3）。

图 4–3　火纹在公共设施中的运用

4.1.4 建筑物

梁思成曾说过建筑是凝固的音乐，那么彝族地区传统的“音乐”必然有其独特的风格，一定程度上也反映着彝族的风土人情、彝族人民的审美情趣，以及生活的哲思。建筑风格是区域环境与人文精神的高度概括。在景观设计中，建筑物并不是一个主体，而是整个场所的一部分，它的范围更加广泛，比如廊、亭、公共构筑物等。建筑是思想的容器，它呈现了一个地域内人们的文化、审美以及时代精神。赖特说：“建筑基本上是全人类文献中最伟大的记录，也是时代、地域和人文最忠实的记录。”凉山地区民居建筑受到彝族传统文化的广泛影响，其中“火文化”作为彝族文化中较为典型的一种文化形态，影响着建筑的布局、造型以及由此而生的场所精神。在凉山州的首府，很多历史地段都体现了其与火共生的场所精神（图 4–4）。

图 4–4　具有彝族典型特征的建筑

4.2“火文化”在景观空间中的营造手法

现代景观设计应该呈现开放的姿态，过分地强调历史风貌的统一，机械地复制历史风格，而偏执地抽取、挪用现代主义的景观设计特征，拒绝历史文脉与现代的交融，都是设计上不可取的方式。彝族地区的景观文化作为中华民族优秀文化中不可分割的部分，在历史上不断与外部文化相互碰撞与交融，形成了风格明朗的建筑景观特征。面对汹涌的现代主义浪潮，只有勇敢地融入主流趋势，主动拥抱先进的建造手段，同时保持自己的文化特性，形成理性的彝族景观设计方式。鲜明的民族风格是彝族景观文脉可持续发展的前提，而创新则是其生长延续的必要手段，把传统民族文化作为主题来介入景观的策略是一种长盛不衰的设计手法。在笔者的研究中，“火文化”在景观空间中的营造手法主要有以下几种。

4.2.1 色——色彩情感的准确表达

色彩在景观设计中扮演着十分重要的角色，丰富的色彩包含的信息，在不同的文化语境中具有不同的意味。彝族的语境之下“红、黄、黑”就是其民族的识别符号，在当代彝族空间环境装饰中“红、黄、黑”成了一个无法回避的角色。

彝族的语境中红色代表着火的颜色，在景观设计中红色通常用在地面铺装、景观小品等饰面上，主要起到装饰的作用，有时又用在景观的入口处，譬如用于导视系统。在景观设计中，准确运用民族色彩对于强调民族风格具有事半功倍的效果（图 4–5）。

图 4–5　红色在景观空间中的应用

4.2.2 形——空间形态的多样表达

文化生命力的发展与延续来自外界多元要素的交流与互置。尤其在当代，景观设计依托经济与科技，其手法日趋多样，彝族地区景观设计的未来之路只能顺势而为，在多样表达的基础之上各要素之间互为印证，使得文脉穿插其中，让彝族的景观面貌呈现多元化的形态。民族文化元素的重构，是元素所隐含的文化精神与现代设计相结合的基础，重构的手法多种多样，不论方法如何灵活变化，其目标是唯一的，即追求形态的升华和精神意义的再现。

景观设计主要依靠景观要素来实现，其构筑物的造型至关重要。景观空间形态的构成包括了其构成要素之间的空间、尺度、位置、材质、虚实光影等影响因素，这些要素的差异就导致了空间性格的多样，构筑物造型体量会对观者的视觉体验产生重要影响。

图 4–6　以锅庄石图腾作为原型的景观小品设计

彝族的造型语言、图案纹样，还有色彩，都具有其独特的审美特征与审美价值。将其丰富的造型语言运用于现代景观设计中来，还需要经历一个过程，其中还存在许多问题。传统的彝族装饰艺术结构繁复，题材、形式老套，不符合当下人们的生活方式以及审美情趣。因此，我们在设计的时候就要进行解构、提炼、抽取其精髓进行二次创作。

彝族火形态的呈现主要是依靠艺术手法对其形态进行模仿，通常采用的手法是“再现”与“抽象”，在彝族民间关于火的神话传说、民俗活动等以物质形态方式直观地呈现，这种“再现”与“抽象”的方式能够使表达的主题更直接（图 4–7）。火的形态在景观设计的表达上主要有建筑、构筑物、雕塑、壁画、景观小品等（图 4–8）。

图 4–7　火纹在建筑立面的运用

图 4-8 火的形态在景观雕塑、景观小品、导视系统中的运用

4.2.3 意——诠释文化内涵 追寻场所意境

文化信息在一定程度上都可以用一种图形符号进行表述。文化信息是一种特色鲜明的视觉符号，能使观者迅速识别并产生文化认同感。在景观设计中，文化符号的介入是一种惯常的设计手法，这种设计手法不拘泥于满足功能上的需求，而成了贯穿历史以及展现地域文化的精神象征。文化符号包含的信息以及外延至人可见的物质形态，在景观之中我们可以称之为各种空间造型。这些可见的造型所代表的意识内容，就是我们常说的“意”。“意”是与事物形态相关的一些信息，是一种意识信息，因每个人的感受不一样，而不能用语言进行精确的定义。在景观或建筑中无法直接呈现的一种意识，只能依靠人的身体去感知，利用空间场所的特征来体会其隐藏于表象之外的信息。因此，判断一个空间环境设计的成功与否，关键在其是否富有“意”的精神。

4.2.3.1 意义的象征

象征空间的表达形式多样，极具艺术延展性。在彝族环境空间设计中也经常使用这种象征的手法来贯穿“火文化”的主题。黑格尔说:“象征里应该分出两个因素，第一是意义，其次是这个意义的表现。意义是一种观念或对象，不管它的内容是什么，表现是一种感性存在或一种形象。”象征的本质是为了追寻和表达“意义”与“表现”两者的关系。两者的“关系”从理论上讲是一种共生关系。同构就是其构造相同，这里的“构造”包括外在的形态，同时又包括其内在的精神内核；包括了有形与无形，是物质的又是精神层面的。象征的本体最开始并没有意义，但是象征体现了某些观念和某种意识形态，并通过一些手段被人们识别后，便产生了意义。采取象征手法所传达出来的意义信息如果要和人们的心理情感和记忆相契合，那么意义的信息就应该是有针对性的，同时也应该是准确的。这种信息与意义要能唤起主题的记忆、情绪，引导观众由物质主题转换为精神主题。

象征手法是一种将情感融入场景空间形态的表达方式，这种表达方式对于空间的营造具有普遍的意义。譬如西昌火把广场的空间平面图就是一个圆形，其寓意就是人们围着篝火舞蹈，整个广场形态完整且富有形式美感。环境空间中所呈现的艺术形象，需要与观者的感觉相互映照，达到交融的目的，同时能够引起观者自觉的体会，引起观者心灵上的共鸣，才能够获得成功的可能。象征的手法，对于纪念性的景观来说通常是最为直接、最为有效的表现手段（图 4–9）。

图 4–9　隐喻的象征——火的形态在景观的运用

4.2.3.2 隐喻中移情

隐喻是文学中的一种修辞手法，通常用于表达人的思想情感。《高级汉语大词典》中对于隐喻的定义:“隐喻是一种修辞手段，通常是用一个词语或者短语来指出常见的一种物体或概念以代替另一种物体或概念，从而暗示它们之间的相似之处。”隐喻是建立在人类社会中那些人们彼此达成默契共识或者在经验知识的基础之上产生的移情过程。在景观的营造中，隐喻也作为一种营造场所精神的手法。在景观空间中设计者企图表达某种精神或者文化内涵，通常采用具象的方式，这里的具象指味道、色彩、象征符号等内容，并将其要素进行归纳提炼，选择与观者情感、意识形态相似的形象来进行艺术创作，这种手法实际上是企图将客观事物进行主观情感化的过程，这就是黑格尔所说的“气已灵化”。隐喻与象征在结构上很相似，有本体、有喻义，对于本体应该尽量地选择能够引起人们内心情感反应，具备传达喻意的物象，采取易于被感知的形象表达精神内涵，将空间环境提升到另一种精神境界。

4.2.3.3 抽象与再现

景观设计中的再现手法通常是以地域文化作为原型，然后利用现代设计手法进行功能表达。再现的手法通常有两种方式：其一，采用经典造型进行外观上的模仿或者创造；其二，对于地域文化中的非物质文化元素，如民俗活动、地方文化渊源等进行物质化的再现，以视觉化的表现形式进行表达，而这种表达方式通常在景观空间中常常被用在雕塑中。抽象是对创作原型的特征加以概括、解构、重构，经过这些手段的处理，只保留其核心结构与主题内涵，然后在此基础之上创作新的形式。再现与抽象是文化主题景观设计中惯常的表现手段，具有直观明了的作用，在空间中具有强烈的视觉效果，在彝族“火文化”中也被广泛用于铺装、景观小品、雕塑、建筑装饰之中（图 4–10）。

图 4–10　火的形态在景观空间的抽象与再现

4.2.4 质——象征材料在景观中的应用

葡萄牙著名建筑师卒姆托认为材料本身并没有太多的意义，但是把他们放置于某个特殊的场所中，材料就可以呈现出诗一般的气质。如果空间能够给他们一个有意义的位置，那么整个场所空间就会因材料的存在而具有特殊的氛围。材料是表达情感的语言，而不只满足于人们视觉上的绚烂感受。对于材料的每一个细节我们都应该深思熟虑，要考虑其图案、色彩、质感、肌理，如果没有对于材料的充分把控与认知，那么就无法谈及“诗意”。传统材料历史悠久，文化内涵深厚，具有地域特色，有利于将地域文化与时代精神有机结合。

在彝族的景观设计中，设计师比较注重用材料来表达“火文化”的意向，如红砂岩、红色水磨石、红色的颜料等，同时也惯用黑色来显示尊贵和庄重。此外，在彝族景观设计中，材料的运用也较为考究，如青铜、大理石，其中具有象征意义的本土材料如砖石、夯土等。在彝族的景观空间中，对于材料的运用考虑触觉和视觉感受要符合彝族的文化传统以及文脉的延续性。西昌火把广场在材料上的运用就非常成功。在火把广场入口的景观图腾柱上为了适应当地气候以及大地的色彩，在其图腾柱上运用了粗糙的红砖，经过日晒雨淋，自然材料的质感日渐凸显出神秘而古老的气息。在凉山民族文化中心，建筑采用石材与木材做饰面材料，契合了当地彝族传统建筑材料的运用（图 4–11）。

图 4–11　传统建筑材料在景观空间中的应用

以功能为主导的现代主义建筑设计中，细节的缺乏往往被人们所诟病，从建筑体验的角度来评判的话，细节往往影响着体验者的内在情感。现代主义建筑大师密斯凡德罗曾经说过“上帝存在于细节之中”，只要处于一个空间之中，首先感受到的是那些由造型、材质、色彩构成的空间细节，这些空间细节作为空间的叙事词组，细节的展现逐渐由视觉延伸至人的内心深处，向来访者展现空间的故事情节以及精神实质。对于空间细节的把握较为成功的案例则是凉山民族文化中心。凉山民族文化中心作为公共建筑环绕火把广场的外围，其中长达 300 米的景观墙，既是艺术中心建筑的一部分，同时又兼具景观构筑物的功能，景观墙采用了火焰装饰纹样，经过夸张变形、解构与重组，被设计成一组红色的花墙，阳光透过镂空的花墙就会在室内空间中投射出绚丽的光芒；而月色倾泄而下时花墙的侧壁又有荧光漆来反射出粼粼波光。在艺术中心的建筑主体上，外围采用彝族图案的金属网格进行围合，建筑的内侧涂上红色的墙漆，在阳光下闪闪发光的外轮廓就如新娘的银头饰。在夜晚，经过灯光的设计营造出了景观的功能，成了一个华丽的灯笼。在其他的细节上主要采用“红”“黄”“黑”的色彩，使得整个景观具有浓厚的彝族审美意味。

彝族的景观设计中注重对于细部的装饰，这是彝族设计的一个特点——繁复的细节。细节设计的渗入是对于空间进行深入塑造的一种方式，也是从空间的文化系统中进行表现的形式（图 4–12）。

图 4–12　彝族景观设计中的细部装饰

4.2.5 技——借鉴先进的建造技术

先进的施工工艺与新材料的运用是景观创新发展的动力。在文脉的传承过程中，不可能是系统内各要素原封不动的全部继承，而是随着社会发展不断的新旧更替。在文脉的传承过程中，系统内部各构成要素在不断进行着信息、物质的交换，但是文脉基因总是根据历史的发展摒弃一些旧因子又补充相应的新因子，某些子系统，如文化中的某些构成元素，社会变革、功能要求、技术条件等在某些环境下发生了改变，那么在系统内信息交流的过程中，文化系统内各要素必然产生置换和替代，其结果则体现为景观以及建筑文脉的变异特征。

彝族景观具有其自身特点，如在建筑中精美轻盈的木搧架牛角结构，便于拆解、移动、反复使用的特性，具有十分宝贵的利用价值，成为我国建筑文化的重要组成部分。但是这种传统技艺，只适合于传统的农业社会，在今天城市化与工业化的现实面前，如果不加以改良地照搬其技法，显然是行不通的，必须采用现代科技进行改良，采用新材料、新技艺来传承其精髓。因此，借鉴先进科学的建造技术是彝族地区景观不可或缺的。

在彝族地区诸多设计实践中，利用先进技术改良传统彝族建造技艺，其中较为成功的案列就是凉山民族文化中心，凉山民族文化中心汲取了彝族建筑技艺的精髓，去除复杂的传统装饰，萃取精炼的几何图案，运用大跨度的钢结构，结合当代科技与新材料，同时又巧妙地利用当地的本土红砂岩、陶砖、木材、花岗岩等传统建筑材料，让文化中心具有“岩石与土地”的气质，为其注入民族文化的血液。该设计将朴实与浪漫、浑浊与通透、古老与现代有机地结合在一起，使现代设计创新性发展的奥妙与精髓得到了较好的引申，成为一种民族建筑与当代设计相结合的成功模式。

4.3“火文化”在景观中的体验设计

场所精神的建立需要依靠多种要素支撑，其中最为重要的是人参与其中，主要依赖人的五感来感知环境，从而建立起场所感。当人们置身于环境空间之中就会产生体验感，空间就成了我们联系世界的桥梁，身体再与环境空间互动产生认同与归属感。空间唤醒那些逝去的回忆而产生联想，在空间体验中获得心灵上的归属感、秩序感、场景感。彝族场所精神依赖于彝族文化活动以及彝族空间秩序的建立。彝族的一些“火文化”活动空间是一个以精神为导向的场所，因此“火文化”成了营建空间气氛和体验的核心主题。

4.3.1 视觉和触觉体验

在当代彝族景观空间的营造中较注重对于历史文化的继承与传播，在彝族的文化空间中，空间中的一系列指示会引导人进入景观空间序列，古朴而神秘的纹样、异域风情的造型被融入景观空间之中，通过这些传统技术让“火文化”空间营造出神秘感，同时也让参与其中的观者不自觉地融入环境之中，体味彝族文化的古朴与神秘。

4.3.2 参与和互动体验

由触觉系统引发的感觉是由整个身体获得接触而获得的。触觉的体验其实就是人的身体在环境空间中的亲身感触。触觉是人身体感知外界信息的五感之一，它的功效是统一于人体的各个感知系统的，同时又把这个信息传达给身体的各个部位。在“火文化”空间中，我们可以通过触觉感受材料的质感，焰火燃烧的温度，彝族景观中的“火文化”为参与者营造了多样的空间体验。

4.3.3 知觉体验的交互

科技的发展为景观空间的体验带来了许多新的革命，由传统的三维感官空间演变为多样化的感觉体验，譬如视觉、听觉、触觉、味觉，由此开启了多元的主观感受去诠释景观空间。在数字化背景下，感应技术、多点触摸技术、声控技术、虚拟体验技术以及信息共享技术，都是信息设施的主要表现手段。“火文化”空间相对于其他“静”而言，以“动”的空间为主要表达主题。除了参与者的活动外，同时还包括感觉环境设计中的韵律感，这种动势空间，主要利用了彝族的舞蹈形式，以日常生活场景为主题，再配合多媒体等光效手段，从而产生多元联动的效应，使这些印象萦绕于脑海中，如果触发其中的一项感官，另一项就会发生连锁反应，整个记忆与情感就顺序展开了。

4.4 设计实践——凉山彝族文化广场

凉山彝族文化广场作为四川省凉山彝族自治州州府，西昌市为提升民族地区城市形象，提高市民生活品质，弘扬彝族文化，带动地区城乡发展，加快凉山州实施城市现代化的重点工程。该文化公园占地 2 公顷，基地位于西昌市健康南路，西临凉山旅游集散中心，南侧是著名的邛海湿地公园（图 4–13）。凉山彝族文化广场是一个多功能的城市广场，集文化教育与市民休闲娱乐为一体的大型市政项目。

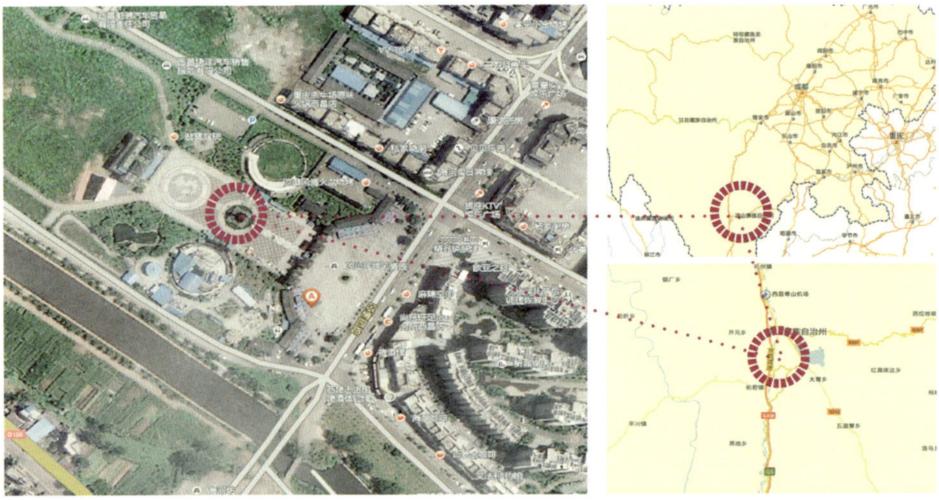

图 4–13　凉山彝族文化广场基地位置

4.4.1 城市 · 文化 · 广场

4.4.1.1 一座春天栖息的城市

西昌市作为攀西高原的一个重要城市，西昌市郊拥有高原明珠的淡水湖——邛海，邻近螺髻山的高山林场，同时与泸沽湖毗邻，在亚热带季风气候的影响下，形成了冬暖夏凉的宜人特征，西昌市常年阳光明媚，四季如春，因此又称“月城”“太阳城”。

4.4.1.2 一种古朴绚丽的文化

彝族具有形态多样的文化，其主要特征是对自然与祖先的崇拜发展起来的毕摩文化，彝族“火文化”与毕摩文化成了这座城市丰富的历史文化资源。

彝族悠久的历史文化还体现在其独特而精准的天文历法上，彝族先民为了更好地进行农业生产，发明了独具特色的“十月太阳历”，其日期精准，悠久的历史甚至可以追溯至上万年。

彝族的艺术博大精深，彝族的造型艺术具有原始美术的特征，彝族崇尚红、黄、黑三色，对于原始图腾图案的运用集中体现在服饰、手工艺以及建筑装饰上。彝族服饰造型优美且配饰华丽。彝族漆器造型古雅朴素，富有韵律的几何抽象图案，色彩艳丽，具有浓厚的原始意味。彝族具有自己的传统建筑语言体系，彝族传统建筑多采用木穿斗、多柱落地的排架结构与多层出挑的木拱架牛角结构式样，四壁垒土为墙，常在门窗、拱架上施以丰富的雕刻，并装饰“红”“黄”“黑”三种醒目的色彩。丰富绚丽的民间艺术构成了彝族文化强大的生命力，成为西南地区一道亮丽的风景 [32]。

4.4.2 大地艺术 · 彝人风情

作为一个以民族文化为主题的景观设计，其设计重点是探索地域民族文化如何介入现代城市才能激发出活力，同时能兼顾生态系统的良性循环。怀着这种理念，我们应当将抽象的概念落地生根，而不再孤芳自赏，因此彝族传统建造技艺应当在现代社会生活的层面上去寻求突破。

4.4.2.1 创造回归自然的城市广场

凉山彝族文化广场强调的主体是彝族文化，所有的设计手法与建筑方式都围绕这一主题来统筹规划，在以功能为主的基础上兼顾地域文化的形态，使得结构隐于无形，而其中的秩序感又悄然显露。在设计的时候，其采用空间叙事的原理，在矩形用地中布置了三个主要的景观节点，即入口广场、彝族十月太阳历景观台、舞蹈广场（图 4-14）。入口广场是十根熊熊燃烧的火把，与其相呼应的是十月太阳历景观台，围绕舞蹈广场的是彝族景观墙，墙上采用浮雕的方式，呈现彝族的神话故事，北面是儿童娱乐区。彝族的“火文化”以及彝族的舞蹈是其重要内容，因此在广场的中心设计一个火焰的图案，同时又设置舞蹈的抽象雕塑。环绕舞蹈广场的是环形露天看台，能够方便市民积极参与公共活动，同时也给城市增添了多彩的空间气氛。在文化广场平面形态中，我们主要吸取了彝族民间舞蹈的人体动态，两个圆形交汇象征着一对男女在翩翩起舞，是对彝族这个擅长歌舞的民族的一种致敬。

图 4-14　凉山彝族文化广场景观平面图

4.4.2.2 探索师法自然的彝族智慧

凉山彝族文化广场用彝族的天文历法来统领整个景观，并以此为指导思想来贯穿整个广场景观的规划设计，凉山彝族文化广场能够充分地体现彝族的祖先探索宇宙万物的智慧，同时也使之具有一种神圣感。不管对日月星辰的研究、自然节气的确立，还是古老神秘彝文符，古代彝人的智慧都在广场的细节中得到了充分的展现。舞蹈广场位于广场的西部，融入城市建筑与群山之间。火把广场的中央是一池喷泉，在材料的选用方面主要考虑当地的红砂岩和青石，同时增添了太阳能地灯使得夜景也是绚烂多彩，地面石材的铺砌图案则是寓意着彝族传统的天文气象智慧十月太阳历。圆形的十月太阳历景观台位于文化广场的开端，其形态模拟着九大行星围绕太阳的运行（图 4–15）。围绕太阳历景观台的是休闲长廊，运用彝族常用的火镰纹、植物纹等纹样制作的休闲椅置于长廊中，历史文化浮雕长廊则选取彝族远古传说中的八个神话人物为原型进行浮雕创作，采用直观而通俗的展现方式传播传统文化（图 4–16）。

图 4–15　凉山彝族文化广场与十月太阳历景观台效果图

图 4–16　凉山彝族文化广场局部效果图

4.4.2.3 提供充满活力的城市空间

彝族热情奔放的民族性格与绚丽的民族色彩，加之西昌市宜人的气候赋予了凉山彝族文化广场的空间形态基调。当代城市广场的空间特性是包容、开放，同时建筑与建筑之间相互渗透融合，实现城市与人的和谐相处。西昌城市活力的源泉根植于丰富的城市文化。凉山彝族文化广场的平面布局采用纵横交错的线型方式，打破广场与城市建筑之间的边界，整体呈现出开放的姿态。文化长廊高低错落、凹凸有致，充满韵律感。结合彝族传统的纹样进行表皮的设计，使得光影变化丰富，赋予了公共长廊浓厚的戏剧色彩。索玛儿童娱乐区则以彝族人喜爱的索玛花含苞待放的形态，采用彝族地区主要的建筑材料设计了一个儿童娱乐区的装置，象征着儿童美好而充满朝气的状态。半封闭的空间与半私密的空间增加了娱乐性与趣味性，丰富了空间的体验感（图 4–17）。

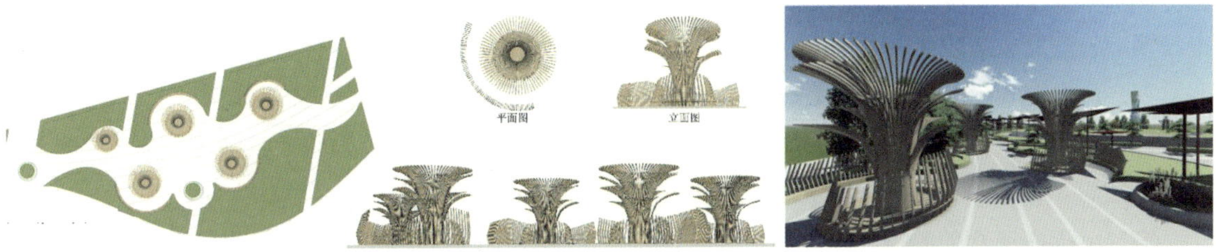

图 4–17　索玛儿童娱乐区

4.4.2.4 演绎绚丽多彩的地域文化

地域风格不能单纯地靠某种民族符号来做支撑，向土地学习，向人民学习，提炼出民族艺术以及性格，结合装饰、结构、材料、现代技术，使之符合当代人的需要，同时也能够体现本土文化的生命力，这是在当代进行创作的一条有效的路径。

5 结论与展望

著名人类学家马林洛夫斯基曾说：“在人类社会生活中，一切生物的需要已转化为文化的需要。”文化是人类社会所特有的现象，由于自然环境与社会形态的不同决定了文化的地域性和多样性。对于传统文化艺术的探索是对文化本源的追溯以及对当代社会文化意识危机的反思，在 20 世纪末，对于文化艺术的寻根掀起了民间文化艺术复兴的热潮。

源自对自然山川的尊重，勤劳诚恳、豪迈刚强成为彝族在这片土地上生生不息的精神力量，彝族的历史文化博大精深，渗透到彝族社会生活的各个层面，同时也是传承与推动民族事业发展的重要动力。封闭的高山环境以及生存状态生成了彝族独特的审美意识，造就了彝族传统艺术设计的魅力，其内容丰富多样，包括了建筑形式、服饰、漆器以及其他手工艺。彝族传统艺术设计元素是彝族文化的展现，在彝族地区景观设计中也得到了充分的演绎。

景观设计的可持续发展一直是当今时代的主题，但一直有被束之高阁的嫌疑。景观是地理环境与人文历史相融合的产物，注重资源循环利用以及与自然和谐相处的理念一直是彝族传统文化中所提倡的，弘扬彝族传统文化的风采与魅力成为当下彝族地区景观设计的趋势。

由于区域发展的不平衡以及社会发展过快等诸多因素，凉山彝族景观空间设计整体上无法形成与其民族文化底蕴相称的面貌。彝族地区景观设计语言直白，鲜有系统的设计原则和理论引导，从而使现有的景观设计实践鲜有触及彝族的历史文化内核。当代景观设计多受西方景观建筑学科的影响，照搬西方景观设计原理，无法充分诠释东方神秘主义的命题。这一弊病其实不单是彝族地区景观独有的现象，而是中国当下城市化进程中普遍存在的病症。面对全球化对民族文化的挑战，如何有效地将独特的民族文化转换为具有民族识别性与时代性相结合的景观是当代设计师的使命，同时在研究的过程中尽量避免符号化的方式直接挪用，简单生硬地营造出一种浅薄的民族风情，而是希望通过彝族地区景观设计本土化的深度挖掘，萃取出彝族的文化内核，同时结合景观设计学理论将其融入民族景观设计中。根据前文的分析和叙述，笔者针对彝族地区当代景观设计中出现的问题提出一些设计建议。

从宏观政策的角度：

第一，政府应加快相关制度的制定并进行有效监管。政府相关部门应当加强对彝族地区景观设计的重视，应成立专门的研究小组来研究彝族传统文化元素的应用方法与原则，制定相关的制度和措施来引导和控制景观，不能任凭个人主观意识的设计，破坏独特的少数民族的区域景观，这将有助于塑造出个性的、有魅力的、有文化底蕴的地域景观，对民族区域的发展有着重要的意义。

第二，提高民众的参与性。彝族地区景观需要与民众互动，提高民众的公共参与性和保护意识，共同塑造地域民族景观，景观设计的最终目的是为人服务的，提高人们的生活环境质量，塑造良好的人居环境。在景观设计中，彝族文化的应用是对民族地区历史文化的传承，也体现一个地区居民的审美观念和精神文化。

第三，顺应现代化的发展。在传统文化基础上创新，有效地结合传统与现代的因素，顺应现代设计的发展，如凉山民族文化中心的例子就是一个很好的方向，使传统与现代有效的结合起来，才能创造宜人的、现代的、时尚的人居环境生活空间。

从具体设计手法的角度：

在彝族传统空间中提取满足现代生活的空间结构，从中概括出一种形意，应用新的手段来表现传统文化。避免民族文化元素的继承过于具象，而应采用抽象、简化和重组变形手法来实现传统符号的改造，深层次表现地域文化的精髓。

第一，收集素材——挖掘历史文化。挖掘彝族的民间传说、故事、习俗、历史事件、历史名人、考古发现以及风土人情、地貌特征、气候条件、宗教信仰等要素进行整合。

第二，整理素材——形成设计元素。从形式、色彩、材质、典故（人物，事件）、寓意等方面出发进行考证、归纳和提炼。

第三，转换元素——创造设计符号。采用借代、改造、创新等手法对传统民族符号进行应用。

本论文基于这样的社会现状，以彝族“火文化”语境下的景观设计作为研究对象，通过整理、归纳、分析彝族当代景观设计中“火文化”的运用，概括出彝族“火文化”元素的审美特征和特点，再结合当代景观设计理论，总结彝族当代景观空间设计的表达方式，归纳出彝族景观中的物质系统构成要素、价值构成要素，从而得出“火文化”中“色”“形”“意”“质”“技”等技法的运用。通过以上的研究，笔者总结出当代景观实践中的利害得失，希望从中得出一些浅拙的经验，能为当代景观设计的理论建设尽一份绵薄之力。

案例三：基于传统造园手法的度假酒店景观设计研究

指导教师：杨吟兵　研究生：邱悦

【摘要】随着社会经济发展，生活节奏日益增快，人们越来越渴望在假期中回归自然，重温优秀传统人文，以此获得身心的放松与享受。伴随度假时代的到来，度假酒店景观逐渐得到重视，给国内景观设计带来新的契机。面对消费者提出的新要求，传统度假酒店单一的室内功能已经不能为度假者提供完美的度假体验，竞争力也逐渐减弱。这要求度假酒店景观根据自身问题、特征，充分考虑自然环境、地域人文，以此获得具有丰富变化的度假酒店景观。

度假者亲近自然、修养身心的度假动机和需求与中国传统造园中文人对美好生活环境的憧憬和向往不谋而合。因荷而得藕，借此笔者对传统园林进行实地调研，身临其境体会园林意境，并结合前人研究对传统造园手法进行解读。笔者在文献阅读和实地调研的基础上对度假酒店景观的现存问题以及特征、趋势进行总结归纳，分析传统造园之于度假酒店景观设计的价值与局限，试图将其转化为设计策略并运用于实践。

本文研究的主要目的是从传统造园手法中提取应用价值，为度假酒店景观提供设计策略上的参考，使度假酒店景观在生态可持续发展的前提下，顺应地域自然生态，充分利用度假区优美的自然条件，结合地域文化为打造独具特色、主题鲜明、能够满足度假者休闲体验的度假酒店景观提供思路。本文研究主要包括以下内容：

第一部分，提出问题。对论文的研究背景和课题的提出进行概述，明确研究目的与意义，提出研究方法，建立研究思路。

第二部分，分析问题。结合大量文献阅读，并走进传统园林中去感受造园的魅力，走访度假酒店进行考察调研，对传统造园手法结合案例进行客观解读，对度假酒店景观设计的发展、问题、特征与趋势进行分析。

第三部分，解决问题。通过第二部分的分析，实事求是地对传统造园手法之于度假酒店景观设计的应用价值与时代局限进行分类总结，以此建立本论文的理论体系。

第四部分，指导实践。结合本论文的理论以三亚红塘湾滨海度假酒店景观设计为例，首先对项目背景、地理环境、湾区文化三部分的状况进行概述，然后进行有针对性的设计分析，运用传统造园手法之于度假酒店景观设计的价值与局限对方案提出三个设计策略，将这些策略运用到具体的方案设计当中，整合具体环境，重构一种符合当下度假酒店景观的设计思路。

【关键词】传统造园　度假酒店　景观设计

1 绪论

1.1 研究概述

1.1.1 研究背景

随着全球经济的不断发展，人们的物质生活得到满足后开始追求精神层面的享受，休闲度假成为更多人的需求。据世贸组织预测：休闲产业将取代传统的主导产业和现代信息产业，成为世界排名第一的大产业。旅游度假业的兴起，使度假酒店迅速发展。在我国，度假酒店消费额已达到国家旅游市场年度份额的 20%，而度假酒店景观的休闲功能并没有得到很好的发挥，单一的食宿功能和千篇一律的景观形式对消费者的吸引力逐渐减弱。现代社会快速发展，生活节奏加快，人们渴望通过休闲、聚会、康体、娱乐的方式获得更加立体的度假体验，这就需要度假酒店提供丰富多样的户外休闲空间，让人亲近自然、放松心情、陶冶情操。传统度假酒店景观形式已经不能满足度假者在度假体验中的对自然的向往和对精神文化的需求，度假酒店景观品质有待提高。

随着中国综合国力的提升，中国传统文化重新得到认可和追捧，中国风热潮影响着各个设计行业，如服装、家具等。传统园林的空间艺术作为中华民族不朽的文化艺术珍宝，是中国传统文化的重要载体，很大程度上体现了中华民族的精神与智慧，其造园手法是现代度假酒店景观设计不可多得的学习借鉴的宝贵资源。

1.1.2 研究课题的提出

一、新趋势

据《2016 酒店行业现状及发展趋势分析报告》得知，酒店行业市场格局正向以中档酒店为主的“橄榄形”格局发展，度假酒店竞争热火朝天，消费者对高端、豪华、奢侈的青睐逐渐减弱。尊重自然生态，提供舒适的休闲体验，结合地域文化的度假酒店将成为竞争力的核心，而这一核心很大程度上取决于景观设计，因此度假酒店景观设计越来越受到重视。

二、理论欠缺

国外酒店起步早，形成了相对完善的理论指导体系，有（美）罗伯特·克里斯蒂·米尔的《度假村管理与运营》、（英）弗雷德·劳森著的《酒店与度假村：规划、设计和重建》，但多注重建筑和室内装修，对酒店景观设计的文献研究稍有提及却不深入，未能形成度假酒店景观设计的研究体系。

国内度假酒店起步晚，早期大量吸收西方理论研究成果，在研究方向上缺乏自主性。在度假酒店发展如火如荼的情况下，对度假酒店的研究尚且停留在建筑和室内设计上，对景观设计的研究处于初级阶段，该领域的理论研究成果更是少之又少。但随着旅游、度假行业持续升温，逐渐有相关从业者开始注重结合本土文化与传统，并整理为文献资料，目前有 2003 年韩敬祖与张彦广的《度假村与酒店绿化美化》、2010 年朱守训的《酒店度假村开发与设计》、2015 年刘小东的《酒店景观设计》及上百篇论文文献资料，其中有关“度假酒店设计”409 篇、“度假酒店景观设计”99 篇，可为本课题的研究提供参考。

1.2 研究目的与意义

1.2.1 研究目的

景观对度假酒店的品质起着至关重要的作用，是区别于其他酒店类型，体现度假酒店特征的重要标志。随着酒店业的快速发展，酒店建筑、室内的营造已经相对成熟，景观成为度假酒店设计发展的新课题，成为衡量度假酒店品质的新标准。笔者通过对传统造园的艺术价值、现代价值以及存在的时代局限进行分析研究，总结归纳传统造园与度假酒店景观设计的内在联系，试图启示今后的度假酒店景观设计中融入更多的中国传统文化和精神内涵。探讨传统造园手法中师法自然、人文意境的营造，提升现代度假酒店景观品质的应用价值，使现代度假酒店景观设计摆脱现有西方设计模式的禁锢，基于传统造园手法以因地制宜的生态观和地域人文观打造生态自然、富有文化内涵的度假酒店景观。

1.2.2 研究意义

作为中华传统文化中的经典，传统园林特有的闲适氛围、人文精神、造园手法都将给度假酒店景观设计提供有效的参考价值和创新性启发，是度假酒店景观设计的突破口，也是传统园林价值得以传承和发展的良好契机。

1.3 研究方法

1.3.1 文献研究法

本课题的展开，获得理论支撑的方法就是对传统造园手法、度假酒店设计的相关著作、刊物、论文、案例的大量阅读，通过对这些文献资料整理分析，归纳总结有价值的理论研究的突破点。同时对相关著作、文献进行整理研究，对不同观点进行分类比较，取其合理之处为本文论点进行佐证，增加严谨性。

1.3.2 实例分析法

针对传统造园手法，选择上海、苏州两个城市的传统园林进行实地调研，置身于园林中感受其空间、造景的手法和体验效果。对国内外度假酒店景观的典型案例进行广泛阅读、分析，并选择重庆柏联、悦榕庄，三亚金莎珺唐、南山休闲会馆、小月湾等多个度假酒店对其景观环境进行实地调研分析，归纳总结度假酒店景观的发展情况及存在问题，分析原因并总结经验，以便得出结论，在探索实践运用中取长补短。

1.3.3 分析归纳法

首先结合现有文献，总结表达自己的观点和结论，然后结合对实例的分析，总结出适合于本研究的路线和方法。

1.3.4 理论研究与实践相结合

本论文结合笔者毕业创作的《三亚红塘湾度假酒店景观设计》，使论文的理论研究落实到方案的策略运用中，将论文的理论研究指导实践，使论文更具现实意义。

1.4 研究框架

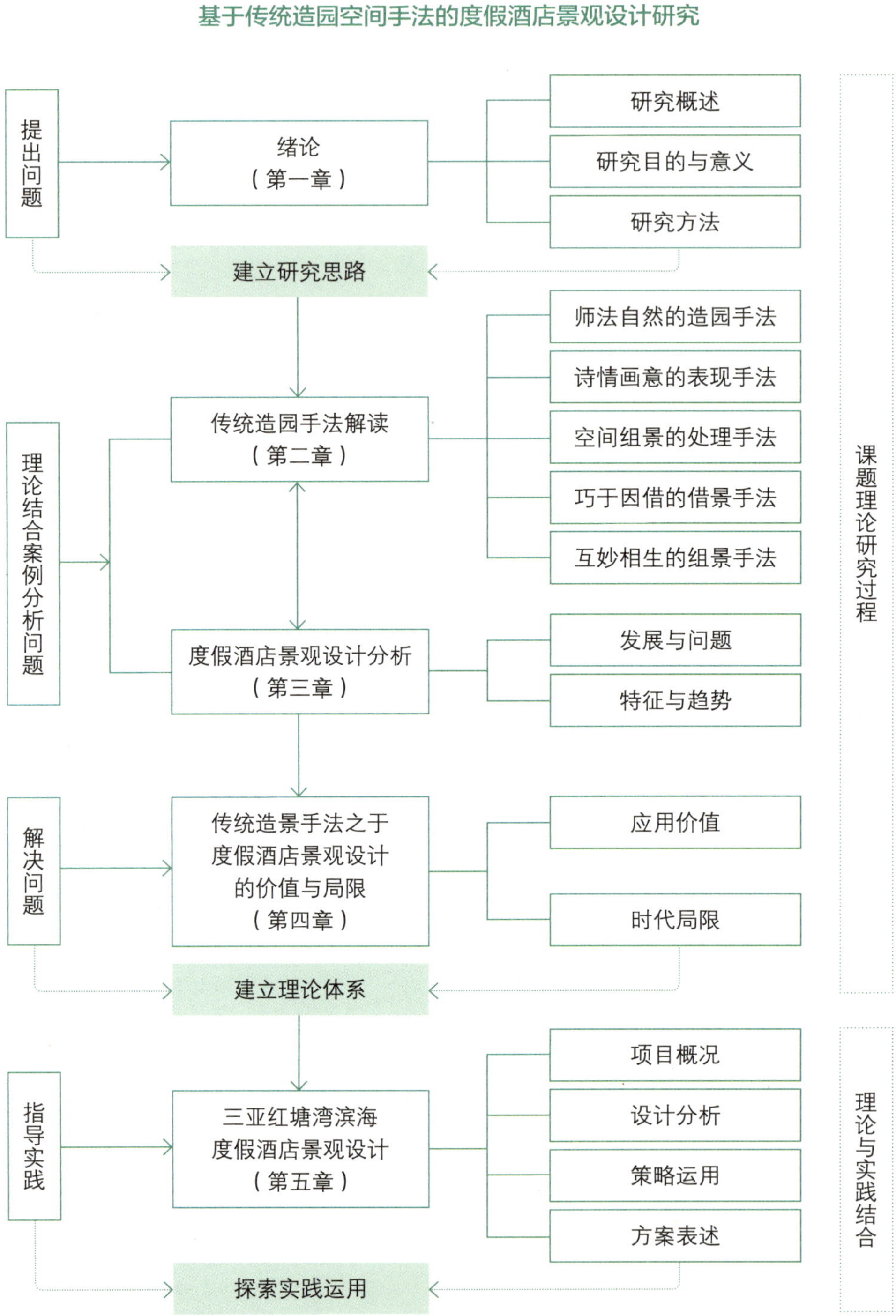

图 1-1 文章框架

2 传统造园手法解读

传统园林所表现的绝不仅仅是区别于其他文化的独特艺术形态，它还代表着中国传统文化中的艺术审美、生活方式、人文思维的特征及本质，它是标识，是象征，也是旗帜。园林起源于人类对美好生活环境的憧憬和向往，其发展来自人类天性中所固有的对美的追求与探索。

2.1 师法自然的造园手法

2.1.1 中国人的自然观

中国人对自然的态度自古就是崇拜的，对自然美有着特有的鉴赏。“天人合一”“道法自然”，是古代关于人与自然和谐统一的思想，反映了人对自然的依赖和敬畏，它贯穿于中国传统文化之中，渗透到包括儒家思想、道家思想、禅宗思想的相关领域，成为传统造园的指导思想之一。

2.1.2 因地制宜

中国传统造园讲究“因地制宜”，即充分利用本土自然资源、顺应本土气候条件，符合地域人文和审美特点。正如中国南北园林存在巨大差异，又各自独具特色。

南方园林集中于江南一带，气候温和、水量充沛，给叠石理水、花卉植被创造了好的先天条件。文人参与造园，使园林造景充满了诗情画意。私家园林规模小巧、灵秀，透着江南女子细腻、温润的气质和深情含蓄的韵味。

北方园林以宫廷别苑为代表，皇家造园在人力物力上有很强的优势，讲究气派辉煌、布局严谨，选址上囊括山川湖泊，景致开阔、得天独厚，平面布局中显露皇权等级森严。

2.1.3 以人为本

传统造园讲究“虽居城市而获得山林之趣”的园林立意。有种世外桃源般的逃离感，通过造园来满足造园者的精神需求。虽有山林之感，却也能满足日常起居的生活需要，创造吟诗作对、抚琴对弈等休闲活动的场所。传统造园中无论挖湖理水还是堆山叠石，既要考虑风向气候又要符合感官审美，都是因地制宜且以人为本的宜居场所。

2.2 诗情画意的表现手法

2.2.1 文人造园

中国自古就有“文人造园”的传统，也有像计成这样以造园为职业的“能主之人”，总的来说，园林风格与主人喜好密切相关，能较为直观地反映园主的艺术修养以及价值取向，能够较为准确地体现环境与人的关系。

文人造园使传统园林受山水画的影响，造园手法上运用山水画的方法，做到“范山模水”的自然提炼，讲究“如诗如画”的人文表达，使人游园过程中能够获得诗情画意的人文感受，人和环境产生互动关联，就如王欣的《如画观法》，观看和欣赏也如同造园，成了一门艺术。如图 2-1 拙政园中的绣绮亭位于山巅亭台，因山下种植牡丹，登亭四望红花绿叶，烂漫如锦，正合杜甫“绣绮相辗转，琳琅愈青荧”的诗意，故名绣绮亭。内复有额对，横匾为“晓丹晚翠”，上联是“露香红玉树”，下联为“风绽紫蟠桃”，吟诗对景的惬意油然而生，诗情画意了然于胸。

图 2–1　绣绮亭

2.2.2 空白　虚灵

中国古代文人为陶冶情操、修身养性而建造园林作为精神家园，并总结归纳出了休闲美学，在当代和未来都具有很强的启发意义和参考价值。

空白、虚灵，是中国美学的重要范畴。《园冶·园说》中写道“移竹当窗，分梨为院。溶溶月色，瑟瑟风声，静扰一榻琴书，动涵半轮秋水，清气觉来几席，凡尘顿远襟怀”，这些看似虚无的园林内容，却有着逸趣横生、清雅素净的美学气质，给人提供闲居、静思、冥想的环境，使人获得身心的放松和愉悦，是极具感染力的空间。

2.3 空间组景的处理手法

传统造园手法中空间序列是制造空间深远感、神秘感、丰富感的不二法宝，观者活动、情绪被这样的空间序列导演规划着。

2.3.1 移步异景

各景观节点间的联系以及组成的游览路线如同一段文章、一个故事。在游览过程中不断遇见惊喜，目不暇接，但它们之间又是有机联系的、主体突出的。虚实有秩、曲折有度的组景方式使得空间结构富有变化，廊路以藏为显颇具导向作用，让游人获得移步异景、序列有秩、节奏变化的空间组景，如图 2–2 苏州留园古木交柯中，廊路的曲折是“藏”，开窗是“显”与“引”，短短十几米的空间廊道产生无尽的空间意趣，让人流连忘返。

2.3.2 引人入胜

“曲径通幽处，禅房花木深。”诗句中蜿蜒小道是通往“幽深”的路径，南方园林借鉴传统国画长卷的创作形式，如图 2–3 上海豫园，在组景处理上以先抑后扬、曲折幽深的造园手法，合理布局游览路线，配合植物、构筑、地势形成视线遮挡，避免一眼望穿，激发游览者对下一个节点的期盼与联系，达到引人入胜的效果。

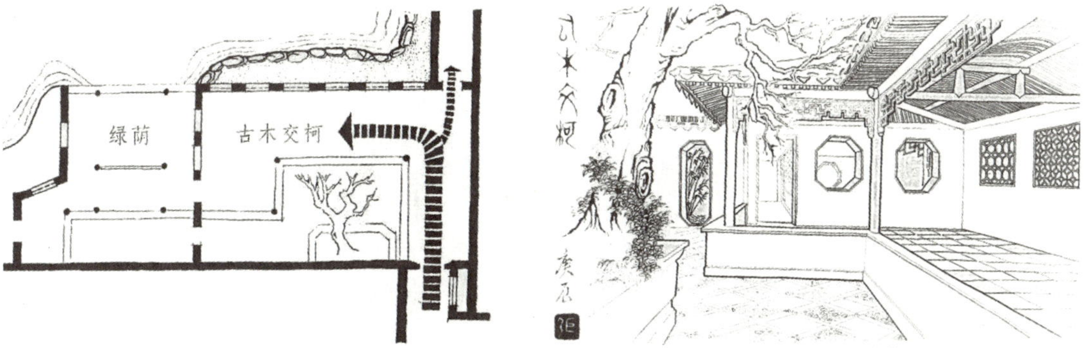

图 2-2　留园

图 2-3　上海豫园

2.4 巧于因借的借景手法

中国传统园林中无论是规模较小的南方私家园林，还是规模宏大的北方皇家园林，都讲究借景、对景，使有限的景致呈现出丰富的变化，达到“人在画中游”的观景感受。

2.4.1 借景

借景，一方面要与周边的自然山水的外环境相联系，做到“俗则屏之，佳则收之”，以此来达到视域扩展的效果；另一方面要善于经营漏景、框景，配合经营。借景因空间距离、方位的不同可分为远借、近借、邻借、仰借、俯借，还可以因季节变化进行计成所谓的“因时而借”，展现四季之美。幽暗处通过开漏窗，以“借光”产生黑白律动的斑影，水体、植被的物理特性，通过“借声”来创造意境，典型案例有拙政园的听雨轩、耦园的听橹楼。

2.4.2 对景

对景宜透不宜隔，观景点和所对的景面之间应留有“对景空间”，形成“观景点（视点）——对景空间——所对景面”的审美对景线。和借景相同，因时空的变化，对景分为多种类型，不同的是相对于借景的单向性，对景双向的空间互对，讲究相互对应以提高景观的空间利用率，如艺圃中两扇角度不同的洞门，拙政园中月洞门和嘉实亭的对景，可见对景通常借助于实体构筑与花木砌石理水形成意境。如图 2–4 拙政园中筑山造登高望远的绣绮亭东西南北四个方向都形成对景，而这样的对景在拙政园中比比皆是，这就是各景观节点可实现你中有我、我中有你，有效丰富了观景视线。

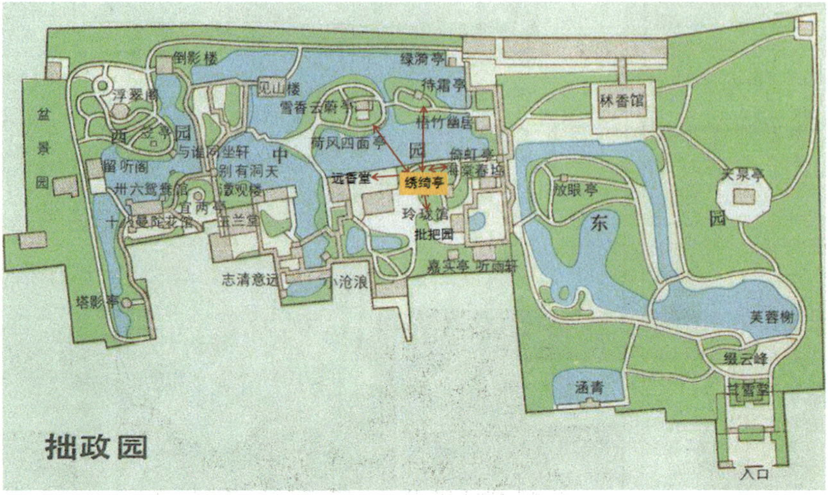

图 2–4　绣绮亭

2.4.3 框景

作为借景和对景的“媒介”，框景通过开窗、门洞、漏窗的多种形式形成画框，将景转化为“画”，将景物和视线加以限定使美最优化呈现，如图 2–5 枇杷园月洞门，以墙的形式封住亭的一面呈三面开敞式，却以开窗的方式将亭外美景加以框选形成一幅移步异景、应时而异的画面。园林之窗在这方面为人们提供了审美再选择的余地，这是对作为审美主体的信任，是对游客审美能力的培养，它能通过比较增进人的构图感。

图 2–5　枇杷园月洞门

2.5 互妙相生的组景手法

美产生于相互关系的整体，乾隆在《互妙楼》中写道："山之妙在拥楼，楼之妙在纳山，映带气求，此'互妙'之所以得名也。"西方狄德罗曾经指出："美总是随着关系产生，而增长、变化、衰退、消失……美总是由关系构成的。"传统造园运用对比、衬托、藏与露的关系，实现互妙相生的美感。

互妙相生作为美学法则，在传统造园中的运用可谓是淋漓尽致，计成在《园冶》多个章节中反复提及，例如"泉流石柱，互相借资""院广堪梧，堤湾宜柳""花间隐榭，水际安亭""或有嘉树，稍点玲珑石块"，从兴造——相地——立基——掇山，可见传统造园中互妙相生的律法运用于宏观到微观的方方面面，体现了互妙相生在造园构景方面的突出贡献。他们之间相得益彰的关系或许来自诗词，或许来自绘画，或许来自传说，总之产生了一种莫名的和谐感、意境感，总结发现事物二三结合而成的整体价值，要比各部分相加之和大得多。

2.5.1 对比衬托

传统造园讲究精在体宜，广至山水布局、细至亭台廊构架，组景要点在于尺度比例均相宜得体。对比在造园组景中无处不在，有大小、高低、聚散、疏密、曲直、远近、明暗、虚实、色彩等对比。衬托是配角与主体的对比，这样的主次对比，使园景更为生动美丽，也使整体园林有了整体基调，形成淡雅、幽静的氛围。为了达到空间变化丰富以及突出、强调主体的目的，运用对比衬托显然事半功倍。中国传统造园善于运用对比的手法，以获得如咫尺山林般小中见大、以少胜多的效果。

2.5.2 亏蔽景深

幽雅与深邃的意境是传统园林的一大特点，可以通过景的藏与露、空间的渗透和有意识地增加层次来达到。常常把重要精彩的景观藏于幽僻之处，半露半隐引人好奇，又不和盘托出，任人去猜、去想、去探寻，以获得丰富空间层次、加强景深的效果，来达到可观可望可行的空间深远感。

传统造园手法运用变化丰富的遮挡关系来深化园景，制造景深。该造园手法分为以下三大类型：

一、全蔽，用于蔽隔不好的、嘈杂的事物，保证园内幽深娴静的意境。

二、半亏半蔽，从审美观的视角来看，其功能是景物呈现"隐"与"显"的统一，从而给人以意趣深隽的美感。欲露而隐的方式，宛如犹抱琵琶半遮面的美人，让人更想一探究竟，起到引导和暗示的作用。

三、不隔之蔽，在传统造园中不仅依赖于墙垣、山体等实物进行遮蔽，虚实结合的造园手法将水体、花木、砌石等同样纳入，隐约的不隔之蔽造成心理上的蔽隔感，视觉上更添雾里看花的朦胧感。

造园中通常掺杂着多种亏蔽手法，如图 2-6 拙政园一景，有"香洲"半露水面、半隐树丛的屋宇亏蔽，有小飞鸿对水面的亏蔽，有水面、砌石、花木的不隔之蔽，使得池岸自然蜿蜒。

图 2-6　拙政园

3 度假酒店景观设计分析

3.1 度假酒店景观的发展及问题

1995 年国务院发布每周双休制，休闲成为人们日益关注的话题，直至 21 世纪休闲已占有非常重要的地位。度假酒店为消费者提供室内休闲空间，又随着人们对休闲的进一步认识，度假休闲场所不断转向室外，景观逐渐成为度假酒店设计的主体。

3.1.1 度假酒店景观的发展概况（如表 3-1）

《现代酒店经营管理学》中指出，酒店是为旅客提供吃、住、游、乐、行、购、商务、文化信息服务的综合服务系统。

作为酒店的分支，度假酒店源于英文“resort hotel”，针对旅游度假市场，并为度假者提供综合休闲服务的酒店，相对于一般酒店，在具备传统酒店功能的基础上，还要为度假需求提供专业服务。度假酒店依托良好的景观条件，因而景观是设计的主体。盖丽特·雅克欲认为，景观设计是除去建筑设计和公共设备以外，对空间环境进行的设计。因而，度假酒店景观设计的范围包括酒店环境与外环境的和谐统一，以及酒店范围内除去建筑空间以外的环境设计。

国外度假酒店的发展是在 20 世纪 50 年代以后，随着社会生产力的发展，物质生活的满足，人们对精神层面的需求越来越高，度假者对度假酒店功能提出了新的要求。直到 20 世纪六七十年代，大众旅游的发展趋势使得度假区快速发展，促使度假酒店选址更为考究，功能不断完善，设计不断更新。

我国现代酒店的发展较晚，最早以招待所、宾馆的形式出现，从 20 世纪 60 年代到 70 年代为适应外贸、旅游业的兴起和发展，在广州建设了白云山庄等一批结合岭南地域特色的新型酒店，是度假酒店的雏形。随着 20 世纪 70 年代改革的春风，一批中西合璧的现代酒店相继建成，这些酒店的建设对度假功能的关注逐渐增多。1992 年为培育度假旅游消费市场，国家批准建设 12 个国家级旅游度假区，并由此促进了各省市自建度假区的热潮。度假旅游的大众化趋势，使得度假产品日益呈现多元化。1992 年至今是我国度假酒店高速发展的时期，以海南三亚凯莱度假酒店为首，度假酒店的核心竞争力逐渐指向景观建设，一部分优秀的度假酒店景观呈现出相对满意的结果。

表 3–1　我国不同阶段度假酒店景观

阶段	时期	度假酒店景观	概况描述
第一阶段	20 世纪 60 ~ 70 年代		于广州白云山风景区建设白云山庄，建筑形式富有地域特色，功能服务在传统食宿上有了新的发展
第二阶段	20 世纪 70 ~ 80 年代		广州白天鹅宾馆外观西化，而内部中庭以壁山瀑布为主景，形成独具特色的岭南风情
第三阶段	20 世纪 90 年代至今		为满足社会大众休闲、度假需求，开发建设的商业度假酒店，景观品质成为重要的评价标准，如图海口万豪酒店

3.1.2 度假酒店景观的现存问题

我国度假酒店景观建设经过几十年的向西方学习和摸索，虽然形成了一定规模，但在自主设计上才刚刚起步，尤其是过去对度假酒店的设计重点集中在建筑设计和室内装潢设计方面，对景观设计的重视是近几年消费者对自然的向往以及对度假有了新的理解和需求后才逐渐兴起的，属于新事物的度假酒店景观设计，在自然、人文、体验上，缺乏经验，有待改进。

一、对自然生态的利用

（一）没有充分利用当地优势，在布局设计上难以借景风景区优美的自然条件。度假酒店选址考究，环境优美，休闲度假的目的往往是追逐自然、享受自然，而目前在度假酒店景观设计上，由于认识的欠缺，存在部分开发不当而导致风景度假区的自然景观资源没有得到有效利用，且大量人工建设使原生风貌遭到破坏的情况，这对度假酒店和风景区的可持续发展都极为不利。

（二）没有充分利用本土植被，如图 3–1 着力于人工建设，盲目改造破坏了当地地貌、植被的原生性，加大建设成本和后期维护成本，效果却并不显著。

图 3–1　人工建设

二、缺乏人文精神

（一）地域性文化的缺失。许多度假酒店没有独立设计的创新力和驱动力，盲目跟风所谓的“国际化”“全球化”，而忽略了地域人文的独特魅力和宝贵价值。如图 3–2 两个入口景观的对比，前者生硬无特色、后者地域氛围浓厚。部分度假酒店设计有一些表面的地域文化展示，但由于缺乏深入挖掘、提炼经典元素和再设计，而显得肤浅、缺乏感染力，难以打动度假者。

图 3–2　入口景观设计对比

（二）场所氛围的缺失。反观历史上传统园林的诞生及发展无一不是伴随着人们对休闲的需要，古代文人、士大夫为追求闲适生活将其诗情画意、人文情怀都借由造园，灌注到园林艺术中。

三、缺乏体验

（一）过于追求装饰，依赖人工元素。当代中国度假酒店模仿西方已建成酒店，不可避免地存在滞后性。在评价度假酒店优劣与否上，认为装饰繁复、奢华是评价酒店优良与否的标准，常常在装饰上下大功夫，事倍功半。从度假者喜爱程度和反馈来看，装饰只能给人视觉上短暂的愉悦，而缺乏文化内涵，不能引发共鸣的不必要装饰就是极大的浪费。

（二）缺乏体验主题。休闲度假的动机是消费者希望得到与以往不同的、独特美好的体验经历。如图 3–3 修建整齐的灌木、草坪以及规整的硬质铺装，除了带来视觉上的短暂愉悦，无法满足人的活动需求，同国内许多度假酒店景观设计一样，缺乏较为集中、核心的主题表达，就像一把没有灵魂的散沙，无法打动人心，满足不了消费者的精神需求，主题体验感不强。

图 3–3　缺乏体验的景观

（三）缺乏独创，景观同质化严重。对于生活在城市高压工作下的消费者，追求新鲜感而逃脱日常生活圈的受众来说，来到度假酒店看到的景观趋同于日常所见，其好感度无疑会大打折扣。事实上，只有明确主题，针对目标消费群进行分析调研，结合地域条件制订独特度假景观休闲方案，因地制宜才能吸引消费者，并给其留下独特深刻的度假体验。雷同的景观、设施对于吸引消费和再消费都是一个很大的障碍。

3.2 度假酒店景观环境的特征与趋势

相比一般酒店，度假酒店的外在景观环境是设计的主体和主要内容，如酒店设计中非常重视的建筑设计，在设计初期应与景观设计规划达成共识并相互配合。度假酒店中景观环境是消费者的主要观赏对象，许多休闲活动也是在室外环境中进行，这就要求在尊重环境的基础上合理利用原生环境风貌，结合酒店定位，挖掘地域特色文化艺术，通过合理的规划设计，实现度假酒店室内外环境的一体化。

3.2.1 度假酒店景观的特征

一、自然生态

度假者逃离常住城市，追求自然、返璞归真的生态环境，期望获得身心的休养与放松。度假酒店景观的自然资源是吸引度假者的基本前提，是建设度假酒店的基础，设计上讲究与自然和谐共存。

中国地域宽广，全国各地都有着独特的地域风貌，是度假酒店景观的良好先决条件。度假酒店多选址于自然环境较好的风景度假区，保证当地环境的可持续发展是度假旅游经济的前提。开发度假酒店要尊重当地生态系统的原生性，并注重自然生态保护，通过设计规划将自然与室外活动联系起来，让人更充分地感受自然，从而优化度假体验。

二、地域人文

地域文化具有很强的辨识度，这种辨识度是度假酒店景观设计的创意源泉。从度假酒店消费者动机来看，度假是为了欣赏当地及周边美景，感受独特的地域风情而来，并带有休闲放松、追求精神层面享受的目的。因此，度假酒店景观在设计上的主题设定，首先要与场地原有精神风貌密切相关，中华民族丰富多彩的民俗、地域文化是宝贵的文化艺术资源，设计上要着重汲取地域文化特征及地域风貌特征，围绕人文归属打造环境设计，这是首次消费的吸引力，也是促使再次消费的驱动力。

三、空间体验

营造休闲、放松的空间氛围，给度假者创造闲适的度假体验。环境设计对功能与服务进行引导，把顾客的吃、住、行、游、憩等活动进行规划设计，满足消费者潜在的心理需求，获得更大程度的认同感，才能让消费者产生返璞归真的归属感以及流连忘返的体验感。

3.2.2 度假酒店景观的趋势

笔者根据大量文献资料、实地调研分析研究得出以下两种趋势：

一、整体环境一体化

度假酒店特有的地理位置和景观环境是区别于其他类型酒店的核心特征，也是度假酒店赖以生存的竞争力所在，需要衔接好景观与外环境、风貌条件与建筑特征的关系，实现景观与整体环境的一体化。集中优势处理好酒店景观和周边度假景观一体化显得尤为重要。如何将酒店外环境与度假区的景观大环境相融合，在地域特色上保持氛围一致，实现建筑与景观、度假区与度假酒店一体化，是度假酒店景观设计师最需要思考的问题之一。

二、内外空间互渗化

由于度假酒店外部景观自然生态条件的优越性，越来越多的度假者乐于选择在室外进行休闲娱乐活动，以便更好地亲近自然、呼吸新鲜空气、欣赏美景。为满足顾客的休闲活动得以舒适展开，度假酒店的景观设计增设了许多开放空间或半开放空间，更多的室内功能通过景观设计实现室外化，可以增加度假酒店景观的丰富性。

4 传统造园手法之于度假酒店景观设计的价值与局限

“各美其美，美人之美，美美与共，天下大同。”

4.1 应用价值

4.1.1 意凝神聚的主题规划

中国传统园林主题性较强，围绕主题而表现出无穷的意境耐人寻味。纵观中国传统造园手法，总结出造园“相地和宜，意在必先”，即对场地现状、景观条件、文化寓意等进行深入了解和挖掘，由此确定主题，这对度假酒店景观选址后的确立主题、把握主题具有重要的启发意义。

一、前期规划——意在笔先

“意在笔先”，即对场地现状有深入的调研基础，设计蓝图已胸有成竹。“师法自然”无论古代造园还是现代景观设计，都不能脱离场地现状来做脱离实际的空想设计。如图 4–1 重庆悦榕庄度假酒店选址于缙云山脚，依势而建可登高望远又能隐身于山谷之间，充分保护并利用原生自然生态，在其中增设蜿蜒小道、亭、台、小榭，使度假者仿佛置身山林。由此可知，引人入胜、打动人心的景观要通过设计前期的整体把控，通过整体规划布局来凸显自然景象，达到“虽由人作，宛自天开”的整体印象。

图 4–1　重庆北碚悦榕庄度假酒店选址

二、围绕主题——融情于景

传统园林中，整体是由一系列个体连贯构成，他们拥有同一个主题而又各自成趣，同时满足多种活动需求，以达到精神与生态和谐的境界。以人的活动为主题，如表 4–1 以沧浪亭为例，沧浪亭是著名依水造园的私家园林，园主是宋代诗人苏舜钦，字子美，号沧浪翁，又因园主有云“沧浪之水清兮，可以濯吾缨；沧浪之水浊兮，可以濯吾足”，并傍水造亭而得名。苏子美常与志趣相投的友人欧阳修、梅圣俞等文人雅士于园中小聚，因而园中空间布局与构景也与其人其文其感密切相关。如沧浪亭是傍水造亭的典范，从功能上来说此亭可凭可憩可弈；翠玲珑周围翠竹如林，竹影摇逸。十分雅致，有三间房可供文人吟诗作赋，以子美诗句“秋色入林红黯淡，日光穿竹翠玲珑”而得名；此外还有观鱼处、仰止亭、面水轩等一系列景点都与园主日常游园活动有密切关系。总之，布局、组景要围绕主题、便于休闲活动的展开，充分发挥设计师的主观能动性。

表 4-1 沧浪亭主题景点

	主题与活动			
	翠玲珑（竹亭）	观鱼处（静吟）	仰止亭	面水轩
景点缘由	取苏子美诗“秋色入林红黯淡，日光穿竹翠玲珑”之意为名。此处前后，万竿摇空，修竹如林，粉墙竹影，滴翠匀碧，历来为文人墨客雅游、静观、觞咏、作画之地	庄子语“庄子与惠子观鱼于濠梁之上”，故取名“观鱼处”	袭诗经“高山仰止，景行行止”之意而名。此为半亭，始筑于同治年间，其名与五百名贤祠有关	袭杜甫诗“层轩皆面水，老树饱经霜”之意，故名。此轩面北临流，庭前古木参差交映，轩左复廊一条蜿蜒而东，两面可行，内外借景，隔水迎人
实景				

学习传统造园因人文活动的展开而设置节点，以休闲活动的展开为布局思路进行造景。如图 4-2 在视野较佳的点设置观景台，如画美景使观赏者产生人在画中游的观景感受，并结合造景引导度假者的活动路线，比如路线标牌的指引、最佳拍照点的设置。

图 4-2 悦榕庄度假酒店节点设置

4.1.2 咫尺山林的空间延展

在有限的园林空间内，表现并传达无限的意境，最常用的造景手法是借景。《园冶·兴造论》写道：“园虽别内外，得景则无拘远近，晴峦耸秀，绀宇凌空，极目所致，俗则屏之，佳则收之……斯所谓巧而得体者也。”对外，尤其是度假酒店处于自然风光无限的度假风景区，有限的度假酒店景观对外借景显得尤为重要；对内，讲究“通”“透”，玲珑显豁而不窒碍。园内的借景需要借助“通”和“透”来设计最佳观赏视线，使构景达到最佳观赏的同时可以一景两看、一景多看，不同的方位呈现不同的视觉感受，如图 4–3 重庆悦榕庄度假酒店亭台高筑、因势而造，拔高的地势便于多方位观景，达到了咫尺山林的空间延展效果，丰富了观景体验。

图 4–3　悦榕庄度假酒店空间延展设计

一、对景、借景——巧于因借

（一）**通透性**

适当组织景物配置产生通透的视野，运用障景和漏景处理近景、中景和远景来扩充景深，使消费者获得辽阔宽广的视野体验。

（二）**因借性**

“借者，园虽别内外，得景则无拘远近，晴峦耸秀，组宇凌空，极目所至，俗则屏之，佳则收之”，只有懂得因借关系才能在有限的景观环境中，创造更为广阔的空间感受，使一景多看，处处皆为景。

（三）**画面感**

中国传统造园一直有如诗如画的美誉，如画一般的美景收入眼底自然心生涟漪，这就是所谓的诗情画意。传统造园通过“框景”的造园手法将如画的美景用构筑、开窗、门洞、树枝等形成画框，将远处景色中最富有诗画意境的部分框选出来，呈现在观者眼前。

4.1.3 互妙相生的组景手法

美存在于相互关系之中，主体起着控制、统驭宾体，宾体围绕、映衬主体，宾主相生是处理园林空间的重要规律，使有限的空间富有诗性的韵律，给人含蓄、意味深长的审美感受。在度假酒店景观中，主体通常都是由体量较大的功能节点作为担当，例如建筑、亭廊、水体，以度假者的游览路径为标准相互串联形成整体，设计四通八达符合游览体验、度假体验的功能性流线。

将临近的两个空间，用大小、明暗、高低的对比手法，产生显著的视觉差异，达到突出及衬托主景的目的，即欲扬先抑。这样的空间对比手法应用广泛，对比方法也多种多样，如图 4–4 千岛湖洲际度假酒店景观布局和组景上的对比，包括正形与异形、疏与密、开敞与封闭、直与曲、明与暗等多种对比都可以通过给人造成强烈的心理反差来实现空间对比的目的。度假酒店景观整体意境、韵律，表现在各功能分区、景观节点与园路的相互关系之中，安排要得当，主次对比、曲折有度、显隐结合。

图 4–4　千岛湖洲际度假酒店

4.1.4 “师法自然”的生态策略

中国地域宽广，全国各地都有着极具特点的地域风貌。度假酒店多选址于自然环境较好的风景度假区，保证当地环境的可持续发展是发展度假旅游经济的前提，开发度假酒店要尊重当地生态系统的原生性，并注重自然生态保护，在植被选择上大量使用本土植被，充分利用外环境景观来丰富度假酒店景观的层次感，根据酒店地貌特征进行规划。

如图 4–5 博鳌亚洲论坛会议中心酒店在景观设计上充分结合东屿岛特有的自然条件，有效利用了优越的地理位置及自然风貌，尊重原有生态环境，使原有的水岸线及原生植被得以保留。在处理人工建造客体与自然资源主体之间的关系上，人工打造的无边际泳池与远处沙滩在视域控制上完美融合，以“师法自然”的手法来达到“虽由人作，宛自天开”的境界。

图 4–5　博鳌亚洲论坛会议中心及酒店景观

4.1.5 因地制宜的地域表达

地域文化对于度假酒店景观设计具有重要意义，是吸引消费者的不二法宝，是设计灵感的来源。如表 4–2 所示，优秀的度假酒店景观设计总能因地制宜发挥在地优势，将在地民俗融入环境，契合度假者的需求产生到达感。

首先，要尊重当地文化。地域文化是当地自然生态、生产方式的长时间积淀产生的，区别于其他地区文化特征，是地域发展过程中沉淀下来的精髓。尊重地域文化的精髓特征，不能只停留在表面的认识和模仿，而是要深入研究其历史沿革，注重表达地域文化的原汁原味。如图 4–6 小月湾度假酒店客房外观上对当地文化的解读和运用，左是三亚热带雨林苗族原住民的木屋，三亚小月湾度假酒店将这种传统的建筑形式用于酒店设计中，在外观、结构上沿袭其形式，产生浓郁的在地感，对于防潮、防蚊虫也做了技术上的处理，体验新奇又保证安全舒适。

图 4–6　小月湾度假酒店客房外观

其次，要适当提取。地域文化涵盖面积广，是当地文化的缩影，但不是地域文化的方方面面都适合表达在度假酒店景观中。对地域文化进行提取时，设计师往往要考虑度假酒店的总体定位以及目标消费群体的文化需求，准确选择合理的地域特色进行提取、加工，更有利于唤起度假者的文化共鸣。

再次，要继承创新。地域文化对度假者具有天然的吸引力，因此对地域文化的继承发展具有重要意义。但度假酒店的高端消费群体决定了其景观的品质感和符合时代审美的设计感。因此，继承创新决不能停留在简单地照搬和模仿，而是要对地域文化进行概念或元素的提取，结合当代设计手法、新材料、新技术，使地域文化融于其中又别具一格，让人眼前一亮、会心一笑。如图 4–7 都是对在地元素的运用，却因采用不同的工艺，运用到不同的设计上，就产生了不同的效果。

图 4–7　在地元素的不同用法

最后，要融会贯通。如图 4-7 对在地材料的运用都是结合了酒店自身的整体设计风格，左图原始粗旷、右图精致典雅。总之，运用在地元素的地域表达，要有整体统筹的概念，将地域文化和其他设计要素进行一体化设计，使各要素融会贯通，形成一个风格和谐的整体。

表 4-2　我国不同地域度假酒店景观

地点	酒店实景	地域文化特征
杭州悦榕庄： 地处杭州，西湖区，近西溪湿地		彰显江南风韵，浓墨重彩于大自然之中，流溢着幽雅静谧
黄山悦榕庄： 安徽，宏村镇，近宏村风景区		群山环绕，层层叠叠。每个空间的景观都是那么自然迷人。以四个字来贯穿整体空间——清、雅、朴、华。建筑景观沿袭了黄山地域文化中的清雅美学，提炼徽派建筑中马头墙的元素进行运用，整体清雅、朴素
重庆悦榕庄： 北碚缙云山风景区		以重庆“山城”为背景，依偎在缙云山脚下，坐落于自然保护区内。建筑景观依地势错落分布，植被上选用当地乔木，建筑外观选用传统穿斗式结构
澳门路氹城		是世界上第一个市区高层度假酒店，景观沿袭了澳门奢华气质，并带有葡萄牙风情

4.2 时代局限

尽管中国传统造园具有很高的艺术价值，但历史的进程始终处于运动发展中，随着时代的发展、全球化浪潮的冲击，传统造园手法在高速发展的现代度假酒店景观设计中存在着不可避免的时代局限。在当代，无论艺术还是设计，我们不得不自觉地考虑全球化，把它放到更为广阔的文化背景下去探讨，寻找更加适合当代审美取向、便于展开休闲活动的度假酒店景观设计，从而避免狭隘。传统造园按所有制进行分类，典型代表有私家园林、皇家园林，其封建统治限定的阶级背景无疑与当代社会主义背景存在巨大差异。因此，对传统造园手法的现代价值进行重新利用时，务必要考虑其时代局限性，摒除其中不适用于现代生活习惯和审美品位的传统枷锁。

4.2.1 服务对象

传统园林的时代背景以及缘起，决定了服务对象的局限性。如今，度假酒店尽管有特定的消费人群定位，但在顾客的年龄、喜好上却存在差异。因此，我们在进行度假酒店景观设计时要充分考虑不同度假者的个性需求差异，尽量使每位度假者在景观场所中获得无微不至的度假体验，这需要在景观设计前充分调研，用巧妙的设计解决休闲场所中差异与共享的问题。

4.2.2 尺度大小

传统园林中皇家园林为突出皇家威严，通常尺度宏大且极其对称，这样雄伟、壮观、严肃、均衡的氛围通常不符合休闲度假追求轻松、富于变化的诉求。过于中轴对称的构图布局容易造成功能布局上的重复，不利于打造富于变化的空间结构。私家园林过小的尺度，不符合公共空间的活动展开，容易造成拥挤堵塞，在学习借鉴时要注意避免。

4.2.3 地域范围

传统园林由于历史社会经济发展的原因，集中分布在北京、苏杭、岭南地区，本着因地制宜的原则，与当地地域气候、地形、文化相适应。在现代设计中不具备广泛性和代表性，在学习继承时，要结合度假酒店具体选址的地理条件进行适当改良。

4.2.4 设计元素

传统园林作为历史宝藏，其精巧的设计构思和美轮美奂的设计元素在各类媒介上广为流传，当人们饱含期待，真正亲临园林去观赏时，也不禁感叹古人造园智慧，以及在机器技术不发达的年代人工巧匠的技艺精湛。因此我们在传承时，应学习古人的智慧而非表面元素，雕梁画栋之余更应该运用我们时代先进的技术去做更多让人眼前一亮的创新设计。

5 三亚红塘湾滨海度假酒店景观设计

5.1 项目概况

5.1.1 项目背景

一、项目名称：三亚红塘湾旅游度假区 E-02 地块项目，如图 5-1 所示。

二、项目地点：基地位于三亚市区西线海域的红塘湾旅游度假区，位置往东距天涯海角风景区 6.5 公里，往西距南山文化旅游区约 13 公里，距三亚凤凰国际机场沿 225 国道约 14 公里，距三亚市区 30 公里。酒店选址交通便利，高速公路有 G225 国道和 G98 环岛西线高速，公交有 16 路、25 路、26 路，均可通达，如图 5-2 所示。

三、规划用地条件：E-02 地块用地性质为旅馆业用地，规划用地总面积 37 982.15 平方米（约合 56.9 亩）；地块大致呈长方形，东西向宽约 172 米，南北长 198~231 米不等；基地北临红塘大道，西临担油河及沿河景观示范区公园，东侧隔红塘大道六横路相邻 E-05 地块吉视传媒项目（建有万豪傲途格精选酒店），南侧用地红线边界距海岸线（最高潮位线）控制在 100 米，如图 5-1 所示。

图 5-1　项目地址

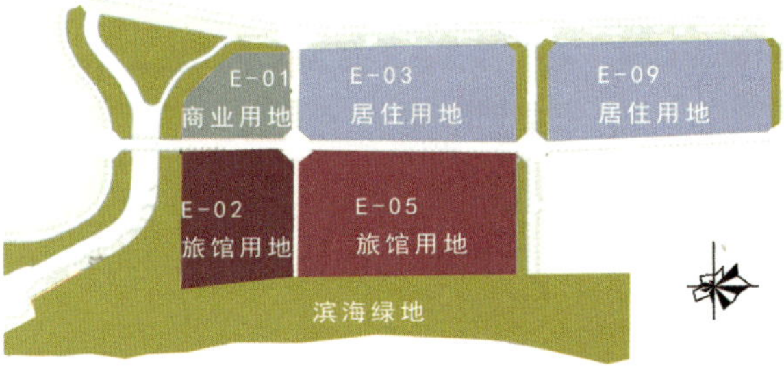

图 5-2　规划用地条件

四、规划要点如表 5-1 所示：容积率 0.8、建筑密度 30%、绿地率 40%、建筑限高 45 米。

表 5-1　经济技术指标

序号	项目	数量	单位	备注
1	规划用地面积	37 982.15	平方米	旅馆业用地 E-02 地块
2	建筑占地面积	6 730.22	平方米	
3	总建筑面积	55 592.33	平方米	
4	地下建筑面积	24 191.36	平方米	全部不计容

序号	项目	数量	单位	备注
5	地上建筑面积	31 400.97	平方米	含出屋面梯屋 + 电梯机房面积共计 737.28 平方米
6	计容建筑面积	30 911.97	平方米	扣除太阳能补偿面积 489 平方米
7	客房间数	326	自然间	
8	容积率	0.814		
9	绿地面积	15 382.771	平方米	
10	绿地率	40.5%		
11	建筑密度	17.72%		
12	建筑高度	45.0	米	
13	停车位数量	地下 150 个、地上 8 个、大巴车位 5 个，共 163 个		

5.1.2 地理环境

红塘湾海岸是三亚最后一片城市型湾区（图 5-3），有“南中国景观名片”美誉的红塘湾，与三亚各著名景区为邻。距离著名景区天涯海角只有 2 公里不到，有兴致的甚至可以散步前往；距西岛海上游乐世界仅 1.8 公里，对广大热爱海上运动的度假者具有很强的吸引力；距离道家文化的大小洞天以及佛教文化的南山寺也只有 7 公里不到，还可以远望著名的南海观音，是禅修静养的好去处。东面是旅游度假发展较为成熟的三亚湾，西侧是崖州湾，背靠南山拥抱大海。原生热带雨林带来无与伦比的天然氧吧，国家一级标准海滩，适宜全年开展海滨娱乐活动，具有得天独厚的地理优势。

图 5-3　地理环境

5.1.3 湾区文化

一、天涯文化

酒店选址紧邻天涯小镇（也称“天涯风情小镇”），距离天涯镇文化中心仅 2.3 公里。该镇民风淳朴，居民享受慢节奏的生活方式，镇区风貌清新自然。走在镇上的大街小巷，常会遇到外地人，经访问调查，发现该镇很大部分收入来自每年 10 月到来年 4 月长时度假人群，以及全年短时（3~7 天）度假的住宿和餐饮消费。走访数家滨海度假客栈发现，如表 5–2 中这些客栈区位条件优越、客栈民宿的形式容易让度假者有融入当地的亲切感，缺点是配套设施简略，无法获得成套的舒适度假体验。如何解决度假者在湾区度假体验中的不足，保留“天涯风情小镇”自然淳朴的在地氛围，需要在方案设计中得以体现。

表 5–2　湾区旅客调研

人群	占总体比例	目的	选择住宿的原因	缺点
家庭	55%	度假、旅游度假、避寒、亲子	经济、便利、自由、轻松	缺乏家庭、儿童专门活动区域活动
情侣	30%	蜜月、拍婚纱照	经济、便利、轻松、环境视线好	缺乏摄影点标识、户外情侣空间
朋友	10%	度假、旅游、摄影	自然生态环境、自由	室外休闲空间没有私密性
其他	5%	度假、旅游、疗养	经济、便利	酒店环境缺乏休闲活动

二、黎苗文化

红塘湾当地居民是三亚原住居民，是黎苗两个少数民族最为集中的区域之一。这些原住少数民族的文化艺术中有许多可以挖掘运用的艺术符号语言以及设计元素，如图 5–4 所示。

图 5–4　黎苗地域特色

三、宗教文化

相传该地是唐鉴真东渡扶桑、成功启程的地方，原住居民对神灵虔诚信奉，并修建了高 108 米的海上观音，吸引众多游客、信徒前来，酒店选址区域便可远眺南海观音，潮音礼佛意境深远。

5.2 设计分析

5.2.1 设计定位及目标

本度假酒店将打造成为红塘湾片区西侧一个醒目靓丽的新地标。该滨海度假酒店景观将围绕水体展开“动”“静”主题分明的休闲活动区域，将以生态、人文为主题，有效地与毗邻的景观示范区（约 60 000 平米）相结合。

5.2.2 基地现状及周边环境分析

项目选址于滨海的长方形地块（图 5–5），该地块整体地势平坦，中间微高，四周略低，建筑位于地块中部的高地，拔高的地势便于酒店内部的观景，实现景观和建筑的有效结合。如图 5–6 长弧形建筑斜跨于地块中央位置，将地块大致分为两个部分：背海面、瞰海面。背海面面向红塘大道，扇形的建筑弧形背面朝向垂直交叉的路口，使背海面建筑以最大视线范围的角度得以呈现。瞰海面，建筑形成中轴对称的布局为景观布局埋下伏笔，以环抱的形式展开，决定了场地以中央为主体的聚拢效果。

图 5–5　基地现状　东北面　西南面

项目地块南面是浩瀚大海，原生态的沙滩宽为 30～40 米，沙滩跟防风林接壤之处比较陡峭，原始防风林宽为 90～100 米。西侧的景观示范区有很好的景观，两者之间的过渡和衔接提供了许多能够做出彩的景观设计的机会。

项目地块紧邻红塘大道与红塘大道六横路，如图 5–6 地块北侧红塘大道为酒店主入口，客人沿缓坡而上直达宴会入口及酒店大堂；地块东侧为服务出入口，服务车辆和工作人员从该入口进入，沿主要服务道路直接进入员工出入口和卸货区；地块东南侧设一个应急消防出入口。

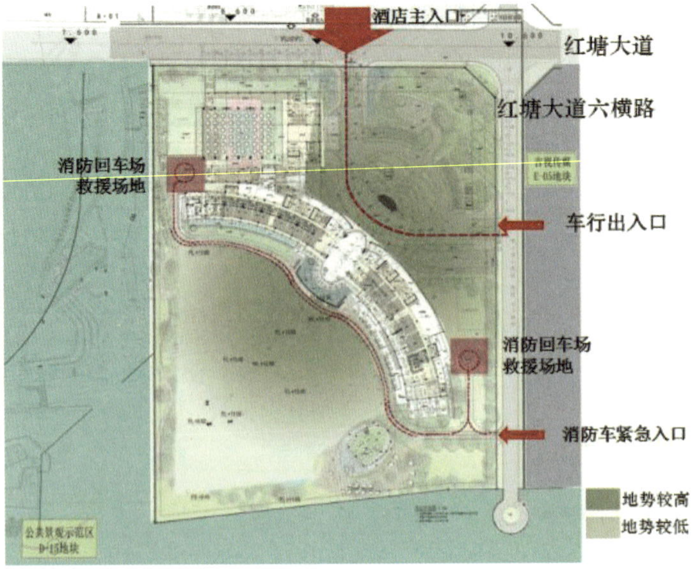

图 5-6　基地现状及周边环境分析

5.2.3 设计特点

一、本度假酒店有一个景观设计意图：与西侧的景观示范区结合，保护既有的防风林，形成“互妙相生”的立体花园。利用传统造园中因地制宜、师法自然的造景手法，不仅在植被选择上与其融合，且在地势高差上通过造景达成统一。边界的处理上采用无隙的景观策略，让实体的分界存在但又能“消失”在景观中，在划界的同时跨界融合景观元素。

二、保护既有的海防林及与其结合也是优先考量的工作，全面提升海防林带的防护效果和景观观赏效果，将住客的活动范围与海保持最佳距离。保护原生植被，因地制宜选择本土植被，减少后期养护成本、加强地域风情。

三、展现湾区特色，通过挖掘湾区自然、文化特色，如图 5-7 定制特色的休闲场所。

四、主体以“水”的主题进行设计，成为活动聚集的焦点，也为大规模的室外宴会提供场地，形成活动中心区并将整体场地分为“动（快）”“静（慢）”分明的功能区，各功能区特色鲜明又联系紧密。

图 5-7　主题休闲活动

5.3 设计策略

5.3.1 主题规划

如图 5–8 本案建筑呈弧形对称，将主要景观节点结合建筑中心线相串联，形成主要景观中轴线。弧形建筑将整个酒店分割为瞰海面与背海面，使整体景观隔而不断。各有一个主体景观起到辐射、统御的作用，使分散的其他景观相互联系、相互凝聚。景观配合建筑形态，将背海面大堂下客区的观赏池、瞰海面的方形水池以及体量较大的活动休闲中心形成中轴线，使酒店整体视觉上更加和谐、功能分布上也更加合理。以“水系”为主体，围绕水系展开各节点的连接与设计融情于景。

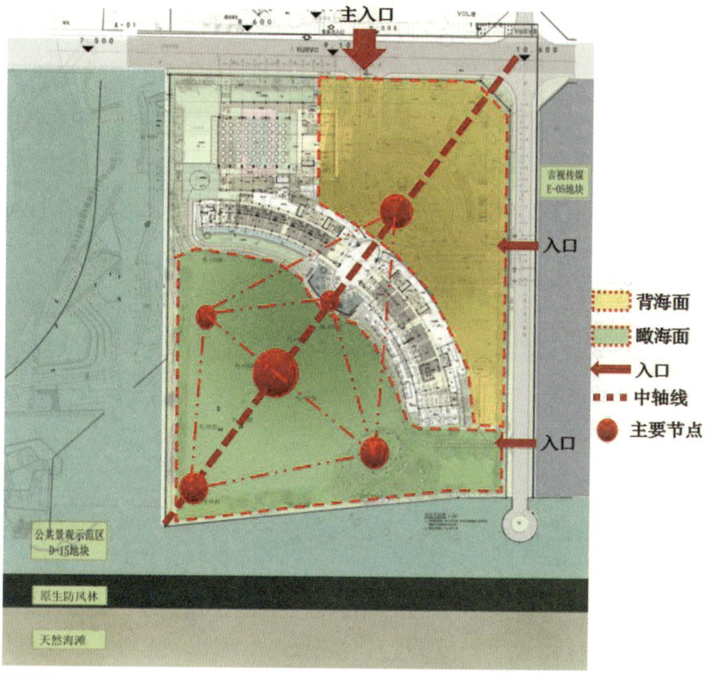

图 5–8　初步布局规划

5.3.2 空间延展

建筑瞰海面“环抱”的姿态使优越的临海地理位置得到有效利用，扩展视野、有效借景，达到最佳的观景效果，是度假者选择滨海度假酒店体验的重点，也是项目开发的核心目标，同时避免了建筑左右对视的问题，使景观布局更为紧凑，意凝神聚为住客提供精致的入住体验。

5.3.3 师法自然

毗邻的示范景观区是本项目的一个重要资源，利用该绿化区域与本案度假酒店景观的无缝结合，实现景观效果的完整性。景观布局模仿自然，将酒店景观打造成一个生态栖息地呈现给住客。在景观中注意各稀疏有秩的布置休闲场所，使之仿佛置身于大自然当中。

5.4 方案表达

结合该项目的具体情况，本着度假酒店设计中建筑和景观一体化、因地制宜的原则，本案规划以中轴对称的景观轴线结合自然形态布局，以轴线的中央位置作为主体景观，其他功能分散且围绕主体景观有序布置。为避免中轴对称的布局形式显得整体景观氛围过于呆板、不灵活，运用传统造园手法中的理水，自然蜿蜒的水岸线将各功能区域有序连接，蜿蜒曲折的道路丰富了游览体验。自然的布局使整个酒店景观的鸟瞰平面好似一只扇动翅膀翩翩起舞的蝴蝶，艺术形式感较好。本土植物和特色材料的选用以及对地域特色元素的运用使景观富有文化内涵，特色鲜明的地域风貌给度假者带来深刻的度假体验。

5.4.1 总平面图

如图 5–9 总平面图，三亚红塘湾滨海度假酒店以长弧形主楼建筑为区域重心，在区域的正北方是酒店的主入口，主入口两旁紧邻红塘湾大道，为建立酒店的宣传以及迎宾需要，将紧邻公路的入口设计为具有良好视觉效果的入口景观，并将其延伸至公路两侧的边界。穿过入口连绵的叠水，带你进入

图 5–9　总平面图

酒店的是 8 米宽的双向车道，使出入车辆互不干扰，保证交通顺畅安全。距离入口最近的是宴会厅下区，宴会厅入口采用传统元素装饰，对比临近的大堂入口的宏伟气势显得简洁大方。背海面的景观给度假者留下第一印象，也为瞰海面酒店景观埋下伏笔。

瞰海面是度假休闲活动的主要活动场所，也是本案的设计重点。景观充分利用本案中间高四周低的地势条件，地势拔高的室外水上大堂吧视野开阔，在此处远看酒店其他景观是深入度假休闲体验的一种预告。待度假者安顿入住后，才开始一场如同古代文人雅客逃离世俗，借游园实现修身养性的一场休闲之旅。围绕主景池的中心区域是主体，也是整体景观的中轴线，大面积的规划便于开展大型宴会活动。中轴线以左是以“静”为核心的休闲地带，节点围绕水面平静的人工湖而分布；以右是以“动”为主的活动中心，围绕游泳池分布可借泳池之景。该区域环绕长条形主景池，被人工湖和游泳池两大水体包围，将“水”的主题贯彻到底，临水的曲岸在与其他景观节点的对景中无论看与被看都能达到很好的视觉效果。

5.4.2 功能分区

本案本着度假酒店景观休闲体验为主的重要属性，挖掘湾区的地域特色，以期打造丰富多样的休闲活动场所，为不同的休闲体验提供恰如其分的场所设计，使度假者在酒店中就能得到放松，自在游玩，享受阳光椰林大海，静心修养。

按该酒店景观整体功能将景观分为六大功能区（图 5-10），分别是：接待区，由酒店三个入口景观组成酒店的“门面”；静养区，人工湖用水以静为主，水曲因岸、静以悟动，为户外品茗、禅修、静养等活动提供场所；中心区，由水上大堂吧和主景池组成，属于公共场所，视野开阔，能够承担大量

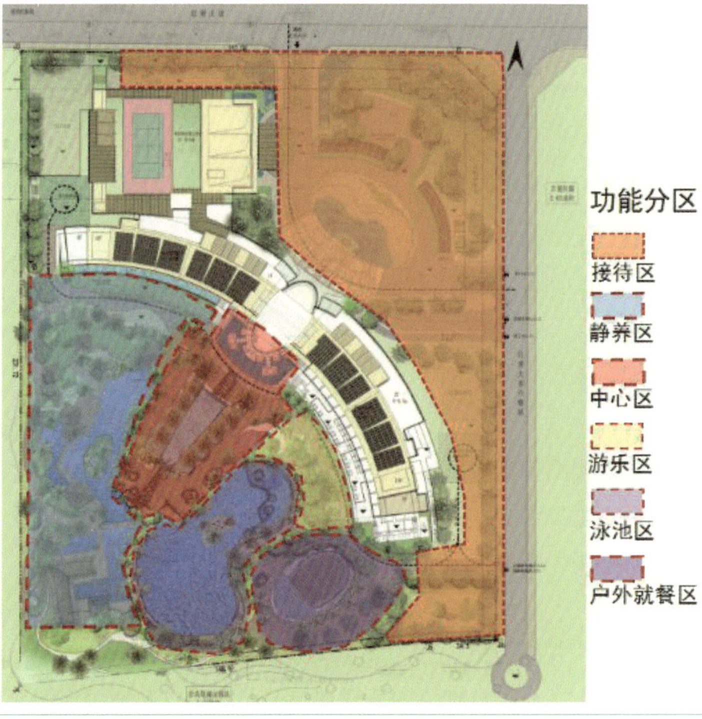

图 5-10　功能分区

客流；儿童活动中心、戏水池、游泳池是公共娱乐活动集中区，该区人群活动动态大，属于偏闹的公共区域；户外就餐区通过填土拔高获得开阔视野，是以海景餐厅为中心辐射的公共区域，包含露天餐吧。

5.4.3 交通规划

如图 5-11，为了保障酒店交通顺畅，酒店设计了 3 个入口，这 3 个入口同时也是紧急消防救援的入口。位于红塘大道的主入口和位于红塘大道六横路的次入口连同酒店大堂下客区，保障酒店背海面接待区的消防安全及交通通达。次要车道作为交通补充，使车辆通达到停车场位置。位于红塘大道六横路近海的次入口主要功能是保障瞰海面（酒店室外环境中人流量最大的区域）的消防安全。

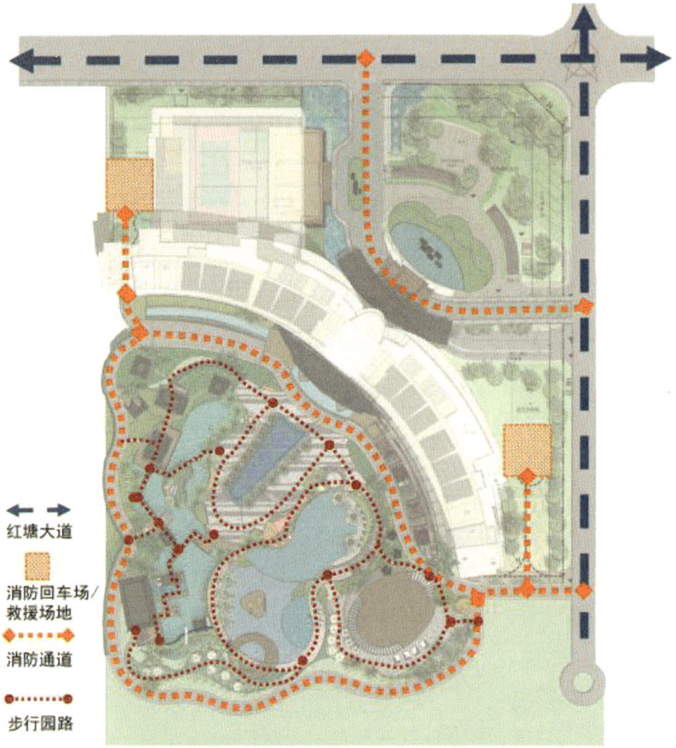

图 5-11 交通规划

酒店景观的内部主要园路是 3 米宽的主干道，蜿蜒盘旋的布局在酒店景观中连接着各功能分区，可通电瓶游览车也可步行。次园路作为主园路的补充，为度假者穿行于各个节点之间，提供更加幽静的散步体验。次园路的设计更加灵活多变，并结合各节点的组景形式进行植物组景、铺装变化，体现师法自然的造园手法，丰富度假体验。

5.4.4 景观轴线分析与节点视线分析

“相地合宜，意在必先”，本案在景观轴线和节点视线上，是通过前期场地的充分调研，并结合建筑形态条件进行前期规划的。景观设计充分结合主建筑形态形成景观建筑一体化（如图 5-12），“西南—东北”的景观轴线将整个酒店斜对角分割，相比正南北方向的平面布局，在视觉上取得更好的效果，车流交通也更加通达。中间高、四周低、整体平坦的地势条件有利于对景和借景，尤其是酒店朝向基地西面和南面的景观示范区，获得更好的视线，运用借景将酒店外的良好景观收入眼底。

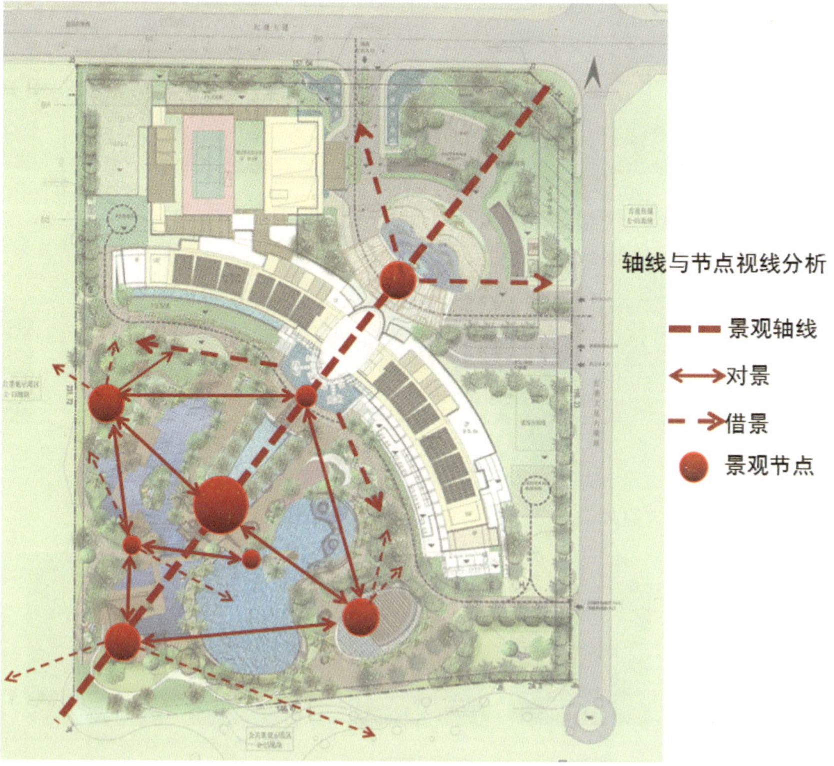

图 5-12　轴线与节点视线分析

5.4.5 植物分析

本案在设计上注重自然生态的保护和营造，三亚红塘湾的气候和土壤养育了种类丰富的植被，多数植物值得保留，介入设计手法将部分植被进行搭配种植，以达到更好的视觉效果。据笔者对本案基地的实地考察，如表 5-3 挑选了 15 种三亚本土乔木，28 种灌木、草本植物，种类丰富的植物类型选择，可以在景观设计中营造浓郁的自然生态氛围，同时形成舒适宜人的微气候。

表 5-3　本案植物选择

乔木				
桫椤	假槟榔	海南椰子	黄皮树	水蒲桃

乔木				
雨树	酒瓶叶子	大树菠萝	杨桃树	凤凰木

大叶紫薇	秋枫	大叶榕	鸡蛋花	柚子

灌木、草本植物						
黄鸟蕉	红鸟蕉	花叶艳山姜	蝎尾蕉	金边虎尾兰	紫云藤	海芋

蒲葵	蜘蛛兰	银边草	翠芦莉	旅人蕉	决明	肾蕨

龟背竹	琴叶榕	金脉爵床	鸭脚木	巴西牡丹	大叶青铁	龙船花

雪花木	文殊兰	白掌	琴丝竹	鸟巢蕨	圆叶轴棕	马鞍藤

例如三亚沙滩上常见的厚藤，学名马鞍藤，不仅可以防风固沙，还有祛风除湿、拔毒消肿的药用价值，是大自然对滨海的馈赠，有“海滨花后”的美名。在该度假酒店景观设计中应该从以下两个方面深度挖掘并利用这一馈赠。一、保留滨海原有马鞍藤，展现滨海原生植被风貌，更保留一份野趣。二、设计植物解说牌，让度假者对植物的欣赏不止于以往的感叹各类植物的茂密与美丽，而是对植物的名称、习性甚至功效有所认知，形成一种新的求知体验。

5.4.6 节点设计

一、入口设计

传统造园中叠山理水中表达诗情画意的主观情感，本案在传统造园手法中继承创新，使用当地特色石材堆砌叠石结合叠水，并运用现代喷泉技术，形成动态景观，完成传统意向的现代重构。

宴会厅入口（图 5–13），提炼传统中式元素，结合现代几何，简洁大方。

图 5–13　宴会厅入口

二、室外水上大堂吧效果

室内功能室外化是度假酒店景观的发展趋势，本案本着继承创新的设计理念，利用大堂吧这一能代表酒店整体气质的公共休闲区域，进行大胆创新，将其移到室外（图 5–14）。度假酒店景观重视为住客提供休闲惬意的场所，怡情养性，与传统造园中重视为文人雅集展开一系列文艺活动一样，都是重视休闲体验的表现。此外，本案室外大堂吧还有效利用了基地条件：较高的地势视线开阔，远借东、南面的景观示范区，近借主体水池周边景致。大堂吧最大的亮点是基于人的亲水性和猎奇心理设计水面下沉休憩平台，让度假者置身于平静的水面获得独特的休闲体验。

三、天台茶吧

运用当地特色木板拼花的民间工艺作为装饰搭配当地元素植物，形成独具地域风情的景观环境，如图 5–15。

四、下沉庭院

下沉庭院是本案的又一设计亮点。本案建筑含负一层，如何使住客在负一层中还能引入自然光线、呼吸新鲜空气、亲近自然，利用增设下沉庭院的方式将自然光引入负一层（如图 5–16），并通过植物花木配置营造庭院内的微景观，丰富了本案景观层次。

图 5-14　室外水上大堂吧效果

图 5-15　天台茶吧

图 5-16　下沉庭院效果

五、海景餐厅

以海景餐厅为重点，打造娱乐活动区。为了使海景餐厅与其他区域实现对景和借景，以获得最佳视线，将海景餐厅地基进行 1.2 米的填土抬高工程，如图 5-17。

图 5-17　海景餐厅

六、望亭

活用传统造园手法中的框景，在湖心打造望亭，由四个窗框望去可获得不同景致，丰富了视线体验，湖心的地理位置便于借景和对景，形成处处有景的观景效果。

七、茗香榭、全景 SPA

顺应度假酒店室内功能室外化的发展趋势，为休闲活动提供室外场所，使度假者既能获得室外良好景观视线，又能展开室内休闲活动，尽享度假乐趣。

图 5-18　效果图

图 5-19　茗香榭

图 5-20　全景 SPA

图 5-21　鸟瞰图

6 结论与展望

6.1 研究结论

本文基于传统造园手法的解读，对度假酒店景观设计进行分析研究。

随着度假旅游的发展，度假酒店成为非常重要的休闲场所之一。度假本是一种逃离，一种新的遇见，而度假酒店景观的设计形式与方法却长期拘泥于一些鸡肋的既定形式，失去目的与内涵的形式就只是形式，是对资源的浪费，是对体验的无视。度假酒店景观设计在这样的泥泞中长时间挣扎不前，因缺乏指引而迷失。传统造园手法之于度假酒店景观设计具有重要的应用价值，具体运用上一方面要符合度假酒店景观的特征要求，另一方面要符合其发展趋势，满足时代需求，避免时代局限性。

笔者将古人造园的思维与度假酒店景观设计相关联，获益匪浅。中国传统园林注重师法自然、诗情画意，“天人合一”的自然观与现代人们追求返璞归真、亲近自然的诉求不谋而合。遵循“因地制宜”的造园手法，满足今天度假动机中求新求异的消费心理，让度假者跳出原有生活去体会不同的风土人情，以获得舒适的度假体验。循序渐进的空间处理手法在引导、组织功能活动上具有指导意义。在视域控制的空间技法上采用传统造园中对比、衬托手法来达到互妙相生、丰富视觉、扩大视域范围的效果。本文将理论研究结论运用于三亚红塘湾滨海度假酒店设计中，研究问题得以实践检验，具有现实意义。

6.2 工作展望

中国传统造园具有很高的艺术价值，它融汇了中国几千年思想文化艺术，精妙的造园手法是值得借鉴和学习的宝贵经验。前辈大师对传统园林的研究颇多、成果斐然，如果能深入浅出，将这样的手法转化为策略指导，运用到当代度假酒店景观设计当中发挥其价值，无疑将是设计师、度假者的一大福音。时代的变迁给这门穿越时空的“联姻”造成层层阻碍，如何拨云见日，还需要对传统园林有更深入、透彻的理解和解读，以及对度假酒店景观的广泛考察和实践调研。

我们在继承和发展的心态上，不仅要把重心放在对过去的研究和分析上，更迫切的是要结合当代设计中出现的问题，基于传统方法解决当代问题，与当下的新技术、新材料发生关联，去粗取精。

时代不断发展，人们向往美好生活的本质却不曾改变，度假酒店景观过去在模仿西方的过程中呈现出很多问题。作为高端休闲场所，度假酒店景观应该有更高的艺术标准和独特内涵的融入，国内设计师应该有效利用自身对中华传统文化和地域特色深刻认识的优势，基于传统且发展创造，探索一条具有实践价值的解决之道。如何将传统造园的精妙之处转化为现代设计语言，运用于方案设计之中，是值得每一个设计师思考的问题。

由于笔者才疏学浅，对本课题的研究还比较浅显，本文的不足之处还需在今后的学习、实践中不断完善，愿为之不懈努力。

案例四：废弃铁路广场景观设计

指导教师：杨吟兵　本科生：陶婉豫　柯沁言

【摘要】随着社会的发展，城市更新换代速度不断加快，许多城市都面临着老城变新城的交替时刻。很多地方逐渐被遗忘，可以将这些废弃场地根据“变废为宝”的准则在原来的基础上进行景观改造。改造并不意味着拆除，而是要进行有价值的利用，更完美地融合到周围的环境里，让它以另一种方式重现昔日繁荣，为城市可持续发展贡献出一份力量。

【关键词】景观　发展　铁路　融合

中国城市变革的手段一直以建设为主，近几年随着人们对环境保护以及人文保护意识的提高，渐渐由拆迁变为了改建，人们开始意识到了改建才是最明智的办法，因此中国有许多废弃的工业区都在转型，但在铁路改造这一块来说代表的案例很少。

在建设开发的过程中，大量铁路因为承运量的减少、新型铁轨的应用、工业用地遗留等原因，致使其被废弃而沦为时代的烙印和回忆。那些穿行于城市与城郊之间的废弃铁路逐渐显现出很多环境、社会等问题。由此，对其理想的处理方式是重新改造后转变成具有美学、生态、文化三重效益的再生广场。

有铁路的地方往往在当时来说是一个地区的交通要道，但城市的发展让它沦为一个荒废之地，出现了影响现有交通、破坏环境卫生、浪费空间资源以及违法建筑遍布等一系列的问题。

（铁路改造并不意味着拆除，这是最简单的方法，但也是最不可取的。）城市废弃地生态恢复和重建是实现城市可持续发展的必然选择。废弃铁路的再造设计具有可持续发展的内涵，能够实现合理地利用现有荒置土地资源，并通过改造使其重新具备使用功能，从而保护和加强环境系统生产和更新。

设计之初要考虑的便是选址问题，选择废弃区进行改造，在改善环境的同时惠民利民，宣扬文化氛围，提升城市形象。对废弃铁路的改造具有以下几点意义。

经济意义：由于广场设计是基于对现有废弃铁路的改造，一些场地原有的设施、材料及自然资源仍然可以被利用，并且由于铁路平坦线性地形，所以地势处理上较为简单。

环境意义：一方面合理有效利用重庆珍贵的有限土地资源，另一方面又美化当地人居环境，维持城市健康发展。

历史意义：任何一处废弃地都有它的历史背景，历史的意象因为空间的延续而产生时间上的承载。通过广场改造再生设计，废弃的铁路可以展现给大众尤其是年轻一代关于城市演变与发展的历史进程，具有传承时代精神的意义。

文化意义：废弃铁路留给人们对历史发展的回忆空间，又引发人们的无数遐想，充实了地区的文化内涵，保持了地区之间的多元文化。

废弃铁路作为工业遗产的一种类型，在对其再利用的同时，保护和延续其历史和特色尤为重要。废弃铁路再利用过程应当注意回归历史，首先应当注意还原选址原状，除非面临难以控制的社会经济需求时，才会考虑拆除重建。其次就是在进行修理和维护时，应当尽可能地保留原来的风格、布局及结构，重视回归真实性和完整性。保护原有的周围环境，考虑场地形式、风格与原有环境的融合性。

在经过讨论和实地考察后，我们小组最后选择了重庆当地的一处废弃的火车站作为我们广场项目地址。该火车站位于重庆市大渡口区的长征厂一带，原重庆重型铸锻厂。废弃的火车站是当时遗留下的用于运输的一个集散区，随着重钢搬迁的完成，企业自备机车在这里逐渐消失，遗留下来的铁轨、桥架、指示标牌等便成了“重钢时代”最后的历史印记。

据大渡口区旅游局相关负责人介绍，近年来，随着工作生活压力的增大，越来越多的人更加追求休闲的生活方式，经常寻找儿时记忆里美好的东西，放松心情，缓解压力，而大渡口是20世纪众多大型国企的集聚地，有许多年代的符号深植于这片土地，当年的旧厂房、老车间，如今成为人们探寻青春、休闲旅游的好去处。

在进行实地勘察、设计构想之后，我们决定保留原场地的形状，经过商讨，我们把场地大致区划为一个三角形，在设计中也延续此形状。广场大致分为绿植区、休息娱乐区以及水体区，其中绿植区占据绝对位置。我们初步构思大致上以保留及融合为主线，让广场极具现代气息的同时也能够唤起当地居民对此处的记忆。此次改造不只是考虑要合理地利用这块区域，更重要的是能够改善区域以及周边的环境。我们列举了废弃的火车站存在的一些亟待解决的问题，以及我们的处理方式。

土壤污染：废弃铁路的土壤污染主要来源于生活污染、工业与采矿固体废弃物、大气环境污染物转移等。解决土壤污染，主要是填埋或清除固体垃圾以后，通过生物恢复方法处理污染土壤，可以利用植物改善土壤和周围环境。例如，在土壤中掺进一些腐殖质和草籽来增加土壤肥力，以此培植一些微生物和植物来分解这些污染物，从而净化污染的土壤。

水体的污染与利用：运用景观设计的方法，对雨水进行收集、对污水进行净化处理，以达到再利用的目的，采取雨污分流的原则。

景观植被生态再生问题：

第一，尊重场地原有景观。由于废弃铁路长时间没有受到管理，而且往往存在一定污染，原有生态环境不佳，所以在景观种植设计时尊重场地特性，保留部分植被。

第二，地带性植被的运用。地带性植被对光照、土壤、水分适应能力强，植株外形美观、枝叶茂密，具有较强扩展性。

第三，拟自然景观栽植。模拟地带性自然植物群落以改造场地景观，一方面可以强化地域特色，另一方面也可以避免不当的树种搭配。

铁路作为铁路广场改造的主要元素，采用保留原有铁路，以及结合不同的形式来体现铁路这一要素。广场设计也基于环保这一理念，就地取材，铁路场地的废弃材料主要包括废弃的铁路材料和工业生产渣滓。没有污染物的材料可以直接利用，而那些存在一定的污染材料，需要经过特殊技术处理之后再利用。从艺术审美的角度出发，我们重新审视这些材料，进行艺术创作，创作成具有“重钢文化”的艺术装置或者景观小品，将比其他材料更能产生效果。例如，我们考察时发现那里还遗留有运货的火车，在后期的设计时火车头将作为代表构筑物予以保留。

废弃铁路具有线性及延续性的特点，我们在废弃铁路再利用过程中充分考虑了它的这一特性，在对其改造与再利用的过程中，我们大量地运用了线性关系，作为我们的主要设计点。

广场结构形式采用辐射型结构、线性结构、点状结构。辐射型结构在空间上向四周呈发散式发展，比如应用在废旧铁路的集散站；线性结构以废旧铁路为轴线，再生为自然生态廊道、休闲运动步道等场地；点状结构是将废弃拆建剩下的一些单一构筑物重新打造，产生充满历史符号的新用途，比如具有怀旧风格的景观建筑与景观小品。

从整体和局部的角度出发，同时考虑火车站外部环境和内部环境。火车站外部现有的工厂、小区、荒地等，如何过渡、融合与外围的环境是我们设计的重点。内部环境则要考虑游客游憩线路、空间构成、功能分区等因素，灵活运用点、线、面、尺度、比例等组合成最适宜场地的形式。

从景观的角度出发，利用一些特殊的废弃材料作为植物生长的媒介，创造丰富的绿化效果，例如枕木碎渣、碎石等可以为植物提供基质，将拆除的铁轨、枕木改造成具有场地特征的铺装路面和踏步。

从立面空间关系出发，想做出一定的层次感，廊架起到了很大的支撑作用。在考虑廊架设计时，结合我们对实地场地的勘察，发现了部分火车有开进厂房。火车在开进厂房前，有一段是钢架搭建起来火车上货的地方，结合这个因素，我们将广场的廊架设计成火车进站的形式，高低错落有一定的起伏关系。在材料的选择上也是以大型钢材为主，结合木塑复合材料和玻璃，采用和总体平面布局一样的线性关系，使得木塑材料发挥其腐蚀、防火、防水、耐潮湿的特点，同时形式不那么单一。大面积透光不阻挡视线的斜线形式，再辅助搭配划分的封闭式的廊架三角区，四周都是回廊，阳光照射下光影效果也是极具美感。部分铁路采取了透光玻璃栈道的形式，能很好地保存铁路使其不被侵蚀，人们也可以自由行走在铁路的铺装当中。另外一边的木质廊架，也和火车进站廊架结合，在材质、形式上相互渗透，使整个广场的构筑物富有整体性。

铺装上为了突出火车广场这一特点，主要是线性铺装形式，直线的品格是果断、理性、坚定，水平方向给人开阔、平静和无限想象。和火车一样走向的铺装，突出火车的速度感，根据铺装地砖尺寸的大小，预留出来的锯齿形状以及在座椅形式上与预留形式相结合。在废弃的火车道上种上绿色植被，为广场提供清新空气，也能避免太阳直射。值得一提的是在地面采用了大面积的线性面光源，夜间能起到很好的导视作用。

水体作为一个广场的亮点，也是我们此次设计所重点考虑的。广场的整体性设计为线性、几何形态，而我们的选址区本身也没有自然形态的水体，因此我们最后决定以人工的几何形态水体为主。结合选址区的自然地形高差做了跌落式水景，在具备观赏性的同时也为人们提供了嬉戏的亲水平台。原址区的下水道、排水沟部分被保留，重新改造穿插在铺装当中，连接水体的同时也打破了大面积硬质铺装的单一性。

色彩可以在废弃铁路上附着各种信息，使游人产生心理共鸣，或展开不同联想，对整个广场氛围起到强化和烘托作用。在色彩的运用上，我们主要以工业风、灰色系为主基调，局部区域施以个性化色彩，突出其特殊性和重要性，例如保留的火车构筑物。

质感使人在观赏与接触广场的过程中，产生不同的视觉感受和触觉感受。废旧的铁路有特殊的粗犷、刚硬、沧桑的质感，设计将部分的废旧材料予以保留凸显出场地风格。新增的构筑物选择原木、沙土、石材等天然质感的材料与金属、玻璃等人工质感的材料相结合，使得广场不会突兀。

这次的广场景观设计课程为期八周，前期是导师指导自主学习，我们通过网上搜索、图书馆查阅等方式对广场有了初步的认识，这也为我们后期的设计带来了很大的帮助。例如我们在前期做过一个关于重庆当地广场的调研，我们小组选择的是重庆两江幸福广场，这是一个休闲广场，在调研的过程中，我们了解到了作为休闲广场所要具备的因素及其特点，而我们此次关于铁路改造的广场定位也是休闲广场，无形中为我们的设计带来了参考。所有的设计都不是凭空想象的，它们都是基于你所学的知识和对现实的考量结合产生的，要想做好一个设计，前期的准备是相当重要的。

从开始选址到最后的完成一共五周，但对于我们来说却是一个漫长的过程，方案在不断调整改进，前期甚至有过直接推翻重来，这种纠结思考的过程对于我们来说却也是一种成长。我们所要完成的不仅仅是一个作业，更重要的是学习掌握做一个设计的过程及思路。

废旧铁路选址改造也为我们的广场设计赋予另一层意义。在基于对当地环境的尊重，充分利用有利资源，提升城市的品质的情况下，还有一大重要任务就是延续历史文化，虽然这些地方已经丧失往日的繁荣辉煌，但我们在设计过程中通过其他的方式让它的价值再现，它们不是变成那些不可触摸的摆设，而是能容入到人们的生活当中，凡事有了生气就有了希望，废弃铁路的改造对于城市发展来说是一笔宝贵的财富。

图 1 弃铁路广场景观设计展板

案例五：设计中的独立思维与团队合作
——记“极线”广场景观设计

指导教师：杨吟兵　本科生：宁宣达　徐雨薇　谭沈凯

【前言】在环境艺术设计专业，尤其是景观方向中，经常会出现大型的设计项目，而这种大型项目也通常会由一个团队来完成各阶段的规划与设计。在以团队为单位的前提下，如何在发挥团队凝聚力和执行力的同时保障团队中的个人可以尽己所能，达到 1＋1 ＞ 2 的效果，是我们在学业以及行业内一直要思考和实践的一个问题。本次景观广场的设计课程恰好作为一个演练机会，让我们在学生阶段以一个相对真实的环境来理解设计中的独立思维与团队合作，对每个小组成员来说都是一个很关键的历练与提高。

【关键字】广场设计　独立思维　团队合作

经过三年的环境艺术设计专业培养和学习，在本科四年级我们开展了景观广场的设计课程。在整个的学习过程中，我们大部分的时间用在对室内设计的了解和学习上，对于景观设计的认知与实践都比较浅显。当真正面临一个面积达到 2 000 m^2 的设计方案时，3 位组员的认识和理解都暂时达不到成熟的设计方案的要求，再加上 3 个人此前的课程也没有过彼此合作的经验，所以在方案的初期阶段都比较迷茫。在这种前提下，所有的进展也大多是在杨老师的课程安排和试探性的摸索下慢慢推进的。从最开始的对景观广场的定义和作用的了解，到实地考察成熟的广场案例和通过书籍和网络整理国外的广场案例，再到对划定区域的景观广场设计方案，三个人的理解、分工、实施是在经过很多沟通、尝试、分歧、互相理解后慢慢变得默契和同步起来的。

1 关于设计

From 徐雨薇：

阶段一：

如何得到大的形状概念？

首先我们想做的是一个涵盖几大类街头文化的运动广场，如街头跑酷、滑板、小轮车、器械类、篮球、自行车骑行等。

这些运动需要有一个灵活的场所。首先想到的是用一条自行车道（附人行道）贯穿整个广场的概念，在这个基础上再进行简单的几大类功能分区。

阶段二：

如何细分功能分区？

在第一阶段大的划分基础上，广场设计也应该考虑周边功能。

虽然主题是运动广场，但也需要有休息、集会的功能，我们称之为“静”，而滑板、小轮车、跑酷这些运动，我们称之为“动”。如何能让动静结合，更有节奏地去规划这些分区也是我在思考的主要问题。“动—静—动—静—动”的节奏是我做平面布置的主要依据。

阶段三：

景观小品的摆放位置考虑？

单一的跑道形状会让人觉得很无聊，用圆形的单棵景观树和休息长椅等这些景观小品来改变跑道的形状。

路灯的设计采用点和线的关系，以组的形式，一高一低，一大一小，隐晦地扣题。

阶段四：

整个广场铺装色彩的运用与关系？

每个分区的铺装都大同小异，有区别又有呼应。整体铺装上多以灰色系为主，白色带状为辅。将运动场地的划分用铺装的小小区别来分辨，从左到右，从上到下，都是带着做平面构成的心态在做铺装，让铺装也显得有节奏感和设计感。

除了主跑道用比较鲜艳的颜色外，广场设计中别的分区则采用灰色系。

阶段五：

景观节点的设计？

整个广场会有多处植被的运用，如何让景观带做的层次丰富有趣且有设计感？

第一种：以折线为引导的多边形，整条景观带由大小不一的四边形组合构成。从立面上看，这些四边形区块可种植草地、灌木、乔木等多种景观植物，层次丰富。

第二种：以山脉的曲线为引导，套用跑道的形式，加入自己对此景观节点的理解，将柔和的曲线转变成折线的形式，有设计感且应和了本次设计的折线美。从平面上看，更像跑道的形态，但从立面上看却更像带棱角、起伏不断的群山。

From 谭沈凯：

景观设计是关于景观的分析、规划布局、设计、改造、管理和保护的一门艺术。在此次“极线”运动广场设计中，最重要的就是先要端正自己的学习态度。只有这样，才能对景观设计富有情怀，才能竭尽全力地去认识和研究它。

因为是第一次接触这样的景观设计项目，所以必须要提前去学习和查找一些相关的资料。图书馆和网络资料无疑是最好的学习资源。但是除了了解专业知识，一些其他方面的知识也是必不可少的。因为景观设计是一门综合的艺术，了解的越多，做设计考虑的就会越多，才能做出更好、更人性化的设计。

在设计过程中，制图只是设计的一种表现手段。Photoshop、Autocad、Sketchup 等专业常用软件是我们必须要熟练掌握的。但我经常会犯一个错误，就是太过于依赖这些专业软件，把最终表现的效果图当成终极目标，以至于不仅忽略了最重要的设计部分，也让自己的手绘能力下降了许多。通过此次设计，我明白了专业软件只是我们设计过程中的一项工具，太过于依赖只会让我们的设计充满局限性。所以，本次设计期间，除了了解这些应该掌握的“一技之长”外，更重要的是提升自己的设计观念。

如何突出运动感和设计感，成了本次方案设计的一大难点。在经过不断地商讨之后，大家决定用“线”的表现形式来让整个广场更具动感和现代感。所以我在设计运动场地的时候，一直在考虑怎样的线性组合更加合适，在不影响每个场地功能性的前提下更能表达我们的运动主题，让每个场地既具有个性，又相互联系。

设计是一种创造性的活动。对于景观设计来说，要想设计出好的作品，与时俱进十分重要。因为设计不是一成不变的，而是随着时代的发展，人们价值观的变化而变化。在此次设计过程中，通过了解国内外行业和学科动态，通过网络、与老师和同学之间的交流，让我受益匪浅。除此之外，为了扩大自己的视野，看一些专业性的展览和去实地考察十分重要。这样不仅可以看到别人设计的优点和不足，最重要的是可让自己进行反思，开阔我们的设计思路。

通过本次的广场设计，我感觉自己不仅学会了如何去设计方案，还学会了团队合作和一些生活方面的知识。我很感谢我的两位合作伙伴，他们帮我解决了很多以前一个人做方案时经常出现的问题。我们一起经历和熟悉了景观设计的工作程序，在这个过程中，我学到了很多。他们就像老师和前辈一样指导我、包容我。总之，经过这次景观设计之后，无论是在专业技能还是合作交流上，我都受益匪浅，也让我了解到大家在一起如何才能少走弯路。

2 关于我们

From 宁宣达：

课程开始的前期阶段，是以小组的形式将了解和学习到的关于广场的定义、作用、历史、分类、相对于公园的区别以及一些设计规范以 PPT 的形式制作并汇报。前期阶段中，我们三人主要以组内讨论——分工实施（一人负责编辑文字，一人负责搜集图片，一人负责 PPT 的制作）——合并查错的方式来完成。然而开始阶段由于大家对景观设计的了解不系统、不规范，各自对景观设计的理解都出现了一些偏差，对分工后自己的工作内容的理解都有一些片面。在这个磨合和理解的过程中，得益于互相的沟通和理解以及课程安排的科学性，三人对景观设计尤其是城市广场方向的理解有了进一步的提高，组内彼此的了解和认识也更加深刻了。

进行到中期阶段，主要的课程内容是实地考察重庆的广场案例和通过书籍、网络等整理一些国外质量较高的广场案例，以及对此次方案的一些初步定位和构想。由于课程内容和组队时间变长，组员的个性也渐渐体现了出来。徐雨薇的个性活泼，在方案选择上喜欢一些创新大胆的案例，在构思上经常会有一些出人意料的新奇想法，并且在平面和颜色上都有不俗的创意和品味，作为团队中唯一的女生经常提供给小组一些不一样的想法；谭沈凯的性格内敛，在方案选择上多为一些有民族代表性和传统的案例，在后期的方案深化过程中更多的是一些具体制作和对方案的补充和完善；我的思维较为理性，方案选择上经常选择一些简约的案例，更注重关于区域划分和框架把控的方面。在彼此更加了解的情况下，组内设计方案的推进变得比之前更加顺畅，方案的从无到有也在讨论——确定方向——分工实施——查错——总结讨论的循环模式下慢慢确定。在这一阶段中弥补了很多前一部分每个人的欠缺和不足，也慢慢找到了合适的讨论和决策的模式。

课程的后期也是核心阶段，我们选择了虎溪公社北侧的一块 200 m × 100 m 方形场地。根据场地的位置（靠近四川美术学院、重庆师范大学和熙街），确立了以年轻人和滑板为主体的运动广场。起初的两套方案草图都有着各自明显的缺点。第一套方案的功能分区较为合理但是平面构成的形式上欠缺思考；第二套方案的平面图形式大胆新颖，但是功能分区上欠缺思考，由大线条划分出的区域也有着一定的弊端。在经过讨论、总结和学习之后，以徐雨薇的折线自行车道为出发点来重新考虑了具体的跑道形式和分割出的区域的功能。最终方案的构思是以折线自行车道为主体，从环境和地形高差的角度来分割区域，再根据不同区域的周边环境和不同方向的功能确定了每个区域的功能划分，将区域分为入口区、滑板区、运动器械区、休息区和植被区。在广场的命名上，根据线性为主的广场平面设计和运动广场的类型将方案名称定为“极线”运动广场。在设计过程中，得益于良好的交流和沟通，三个人各不相同的思维模式和性格特点恰好可以形成一个互补的关系。在遇到诸如平面图的具体深化，广场标志性构筑物，景观小品的造型和颜色等问题时，更多的时候不是依靠一个人闷头进入死胡同，而是放下眼前解决不了的问题来由组员共同讨论，三个人以聊天的形式互相发表自己的看法，而在这些看似毫无关联的看法和沟通下，遇到的问题反而会在不经意间解决。在确定了主题方向和风格、色调等大前提的情况下，将大方案拆分成多个小方案、小区域的模块化设计方法也让最后的效果更加完整和贴近主题。

在持续了八周的课程中，由于组内沟通交流比较频繁，以及课程安排的自主学习模式更具体到每一个人都要在自己学习的同时向身边的组员学习，从而让每个人都不仅仅是从自己的角度来学习知识和提高能力。在每个人拥有独立思维的前提下，发挥好个人的特点并且根据每个人所擅长的方面来分配任务才能让这个团队达到“1＋1 ＞ 2”的最终效果。而作为团队中的一员，更多的以团队的模式和角度来思考问题可以让方案推进得更加流畅，勤于并且善于沟通，让彼此更加了解，这样才能明确地对比并且体会到自己擅长的方面和自己的短板，从而清楚自己在团队中的定位和自己的职责。这种思考模式更是步入社会，从事设计专业应该具备的能力，在完成任务的同时来看清自己的不足并且学习其他人的优点来完善自己。路曼曼其修远兮，尤其是在时代和学科高速发展的环境下，通过不断学习他人来完善自我，又在团队中用发挥自己能力的方式帮助他人，这种良性循环才能让自己在环境设计领域走得更远。

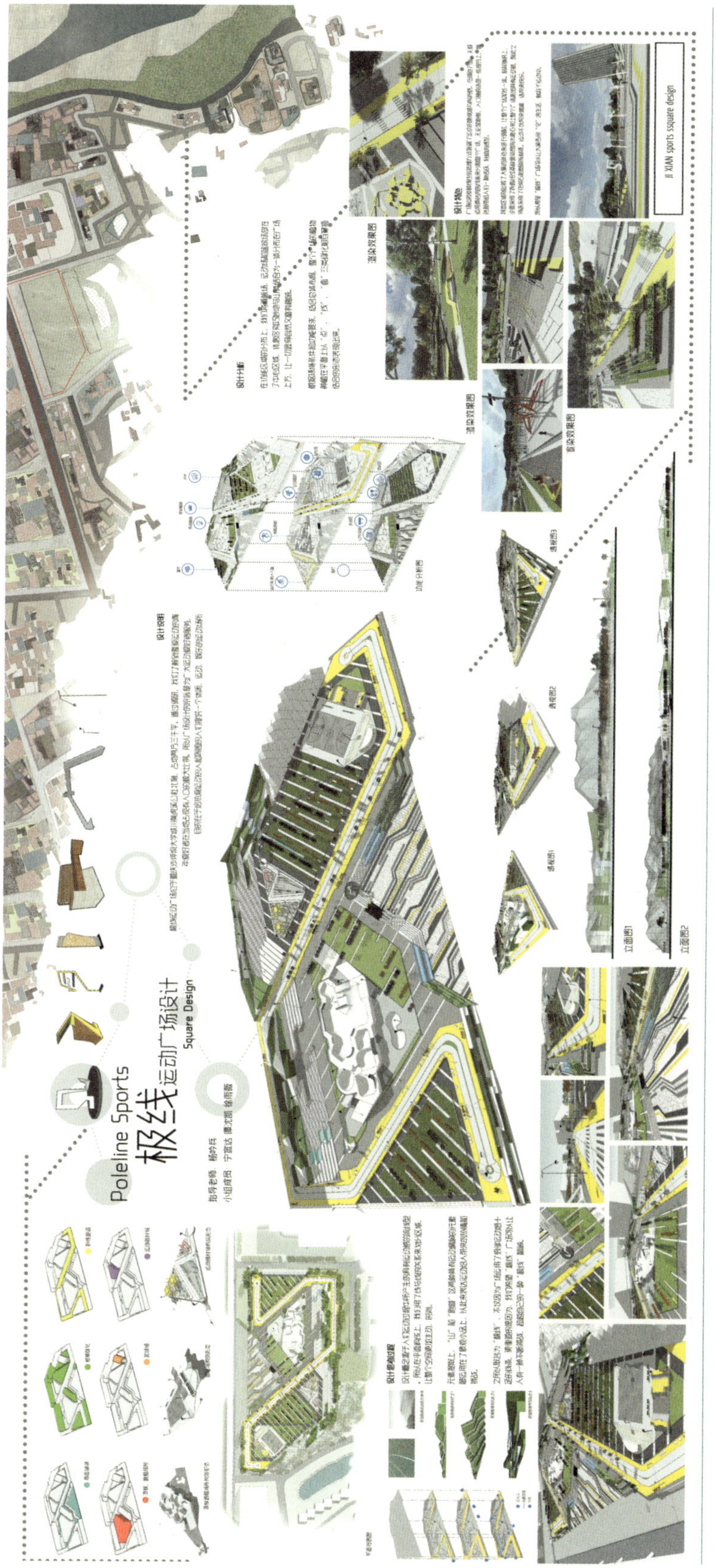

图 1 “极线”广场景观设计展板